会社を黒字にするとっておきの経営革新術

驚異的に会社が甦る「ビジネスモデル」のつくり方

岡 春庭 著

セルバ出版

はじめに

現在中小企業を取り巻く環境は、誠に厳しく、依然先の見えない状況です。経営資源が乏しい中、今後どう業績改善に取り組んでいくかが問われています。そもそも中小企業の経営者は、日頃忙しく業務に追われ、経営についてじっくりと考えることができないのが現状です。

そうした中で、このまま今のやり方で経営を続けている限り、企業の存続すら覚束ないことになりかねません。これを打開するカギは、今までの考え方ややり方を打破し、新しい考え方ややり方を意味する「経営革新」にチャレンジすることではないでしょうか。

国としても平成11年に「中小企業経営革新支援法」の施行により、中小企業が自らの積極的な経営革新（新たな取組みによる経営の向上）を進めるために、中小企業の各種支援に取り組んできました。しかし残念ながら、各種の助成策や支援策は限定的であり、垣根の高さもあり、経営革新が積極的に進んできたとはいえない状況でした。

本書は、中小企業を取り巻く現状を分析し、「なぜ今経営革新なのか」を明らかにしています。そして経営革新を進めるために2つの方法を示しました。1つは事業戦略の構築における経営革新、もう1つは経営体質強化のための経営革新です。現状の延長線での経営改善というレベルを超えて、抜本的経営革新を進めるために取り組むべき考え方と方法を、各種のフォーマットを使いながら、わかりやすくまとめました。

この手順通り実行すれば、必ずや自社のビジネスモデルが確立され、経営体制が強化され、安定した業績に転換できるものと考えています。著者が30年間の現場経験から生み出した集大成といえるものです。

中小企業は、今や経営革新をしていかなければ生き残れなくなった時代に直面しています。おりしも国としても、経営革新に本気で取り組もうとしている中小企業だけを積極的に支援する体制に転換してきました。本書が、こうした支援策を積極的に受け入れ、自社の経営革新に真剣に取り組み、企業が自社ならではのビジネスモデルを創りあげ、継続して成長発展の道筋を歩んでいただける一助になれば幸いです。

なお本書は、税理士や公認会計士、経営コンサルタントの方や、金融機関の方たちを始め、経営革新の認定支援機関の人たちが、クライアントや取引先に経営改善の指導を行ううえでの手引書にもなるものです。

平成26年5月

岡　春庭

会社を黒字にする　とっておきの経営革新術　目次

第2章 「事業戦略構築」を実現するための経営革新の進め方

第3章 「経営体質強化」を実現するための経営革新の進め方

第6章　経営革新の事例

序章　中小企業の赤字と倒産の現状はこうなっている

1　5社に4社は赤字

東京国税局所管法人でさえ、赤字申告法人は73・9％

東京国税局発表の法人数は平成25年7月31日現在で85万3千件です。東京国税局内の法人数は全国の30％を占めていますが、申告所得金額・申告税額は50％を占めています。ということは、全国の法人に比べて比較的業績が良いということになります。

図表1を見るとすぐわかりますが、その東京国税局所管の法人でさえ、赤字申告の法人は73・9％です。つまり4社のうち3社は赤字ということです。現実は、意図的に黒字にしている、または黒字にせざるを得ない「実質的に赤字」の法人を加味すると、おそらく80％が赤字になるでしょう。実質は5社に4社は赤字なのです。

図表2を見ますと、赤字割合は若干減少傾向にあるものの、大きな変化は見受けられません。一昔前は50％だったことを思えば、企業を取り巻く環境がさらに厳しくなってきていることがわかります。

一方、東京国税局所管の法人税申告件数は、平成20年度をピークに減少しています。ちょうどリーマンショックを機に減少している状況は、企業環境が厳しさを増していることを表しています。

ところで、赤字申告割合と法人税申告件数には関連性が見られます。赤字申告割合が上がるにつれ、法人税申告件数は減少し、逆に赤字申告割合が下がるにつれ（黒字申告割合が上がるにつれ）法人税申告件数は増加しています。

企業業績が良くなる傾向では、法人の申告件数が増えるということは、企業の倒産や廃業件数よりも新設の法人件数のほうが上回るということです。

いずれにしても、法人の申告件数が増えることが業況を測る物差しになるといえます。

【図表１　申告件数に占める
黒字申告と赤字申告の割合】

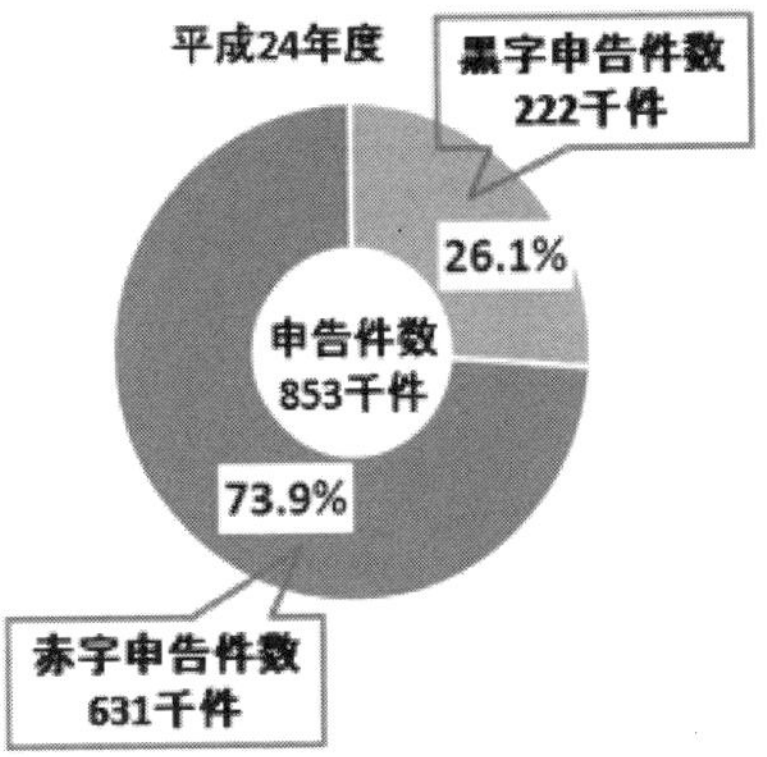

【図表２　法人税申告件数等の推移】

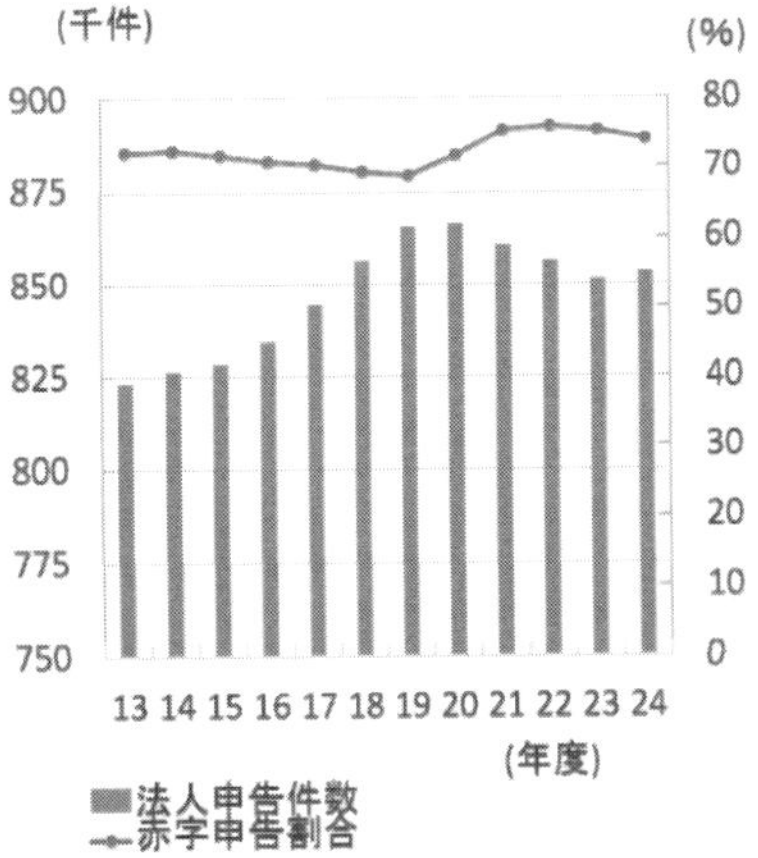

出所：東京国税局

2　中小企業の景況感はマイナス

経営者にとっては、今後も厳しい

景況感を示す景気判断指数とは、自社をめぐる景況が前の期と比べて「上昇する」と答えた企業から、「下降する」と答えた企業を差し引いた値をいいます。

良いか悪いか自社の業況の水準を聞く日銀の全国企業短期経済観測調査（短観）の先行指標として市場が注目している指標です。

図表3を見ますと、大企業は平成20年のリーマンショックを乗り切りプラスに転じ、企業マインドの改善が鮮明になっています。

ところが、中小企業を見るとどうでしょうか。中小企業は大企業と同じグラフの傾向を示していますが、いかんせんマイナスからプラスには転じられていません。経営者にとっては、今後も厳しい環境が続くマインドを示しています。

なお、平成25年秋以降平成26年春までの景況感は、マイナスを示さなくなっています。明るい兆しが見えてきているともいえますが、4月の消費税率アップの駆け込み需要の影響も否定できません。今後の推移を見守る必要があります。

【図表３　景況判断の推移（全産業）】

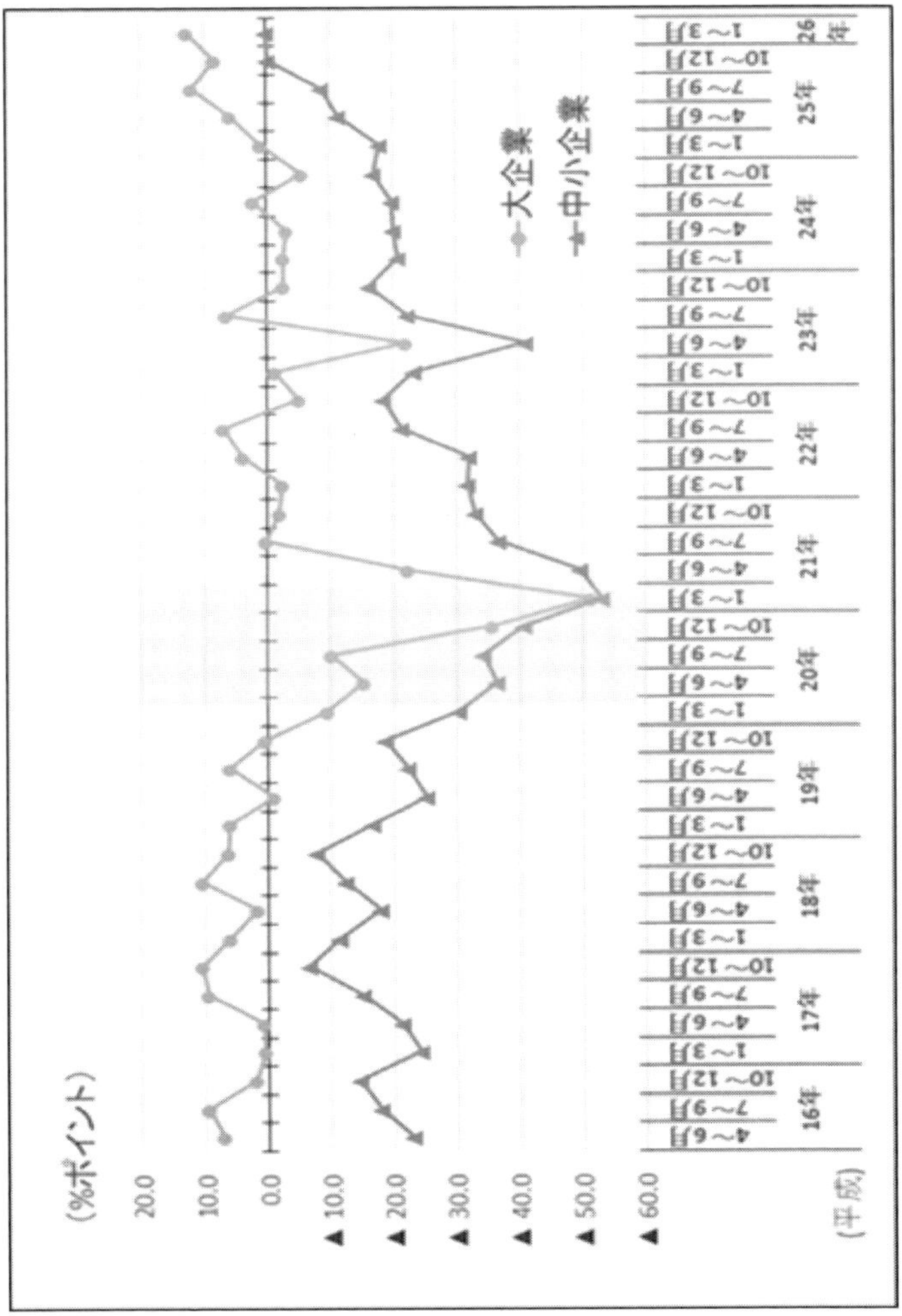

出所：財務総合政策研究所「第 40 回法人企業景気予測調査（平成 26 年 1 − 3 月期調査）」

3　金融円滑法関連の倒産状況

業績回復が進まず、自力による経営立て直しが難しくなってきている

中小企業金融円滑化法（以下、「金融円滑化法」と略称）は、平成25年3月に終了しましたが、東京商工リサーチ社の調査によりますと、倒産の月次推移は図表4のようになっています。この金融円滑化法は、平成21年12月から施行され、企業が金融機関に返済負担の軽減を申し入れた際、できるだけ貸付条件の変更を行うようにすることが求められたものです。

しかしながら、図表4で見てとれますように、倒産件数は平成25年3月の期限終了まで高水準で増加しています。5月にピークを迎え減少傾向になったのですが、これは、金融円滑化法の終了に対応した金融庁による監督指針の発表と、中小企業モニタリング体制の指導によると考えられます。

しかし、その後は増減を繰り返しているということは、業績回復が進まず、自力による経営立て直しが難しくなってきたことを示しています。その原因を見ると販売不振が最多であり、赤字累積による経営不振も顕著になってきています。

金融円滑化法終了後相応の期間が経過してきていますので、今後金融機関の融資姿勢がどう変化していくのか慎重に見極めることが望まれます。

【図表４　金融円滑化法の関連倒産】

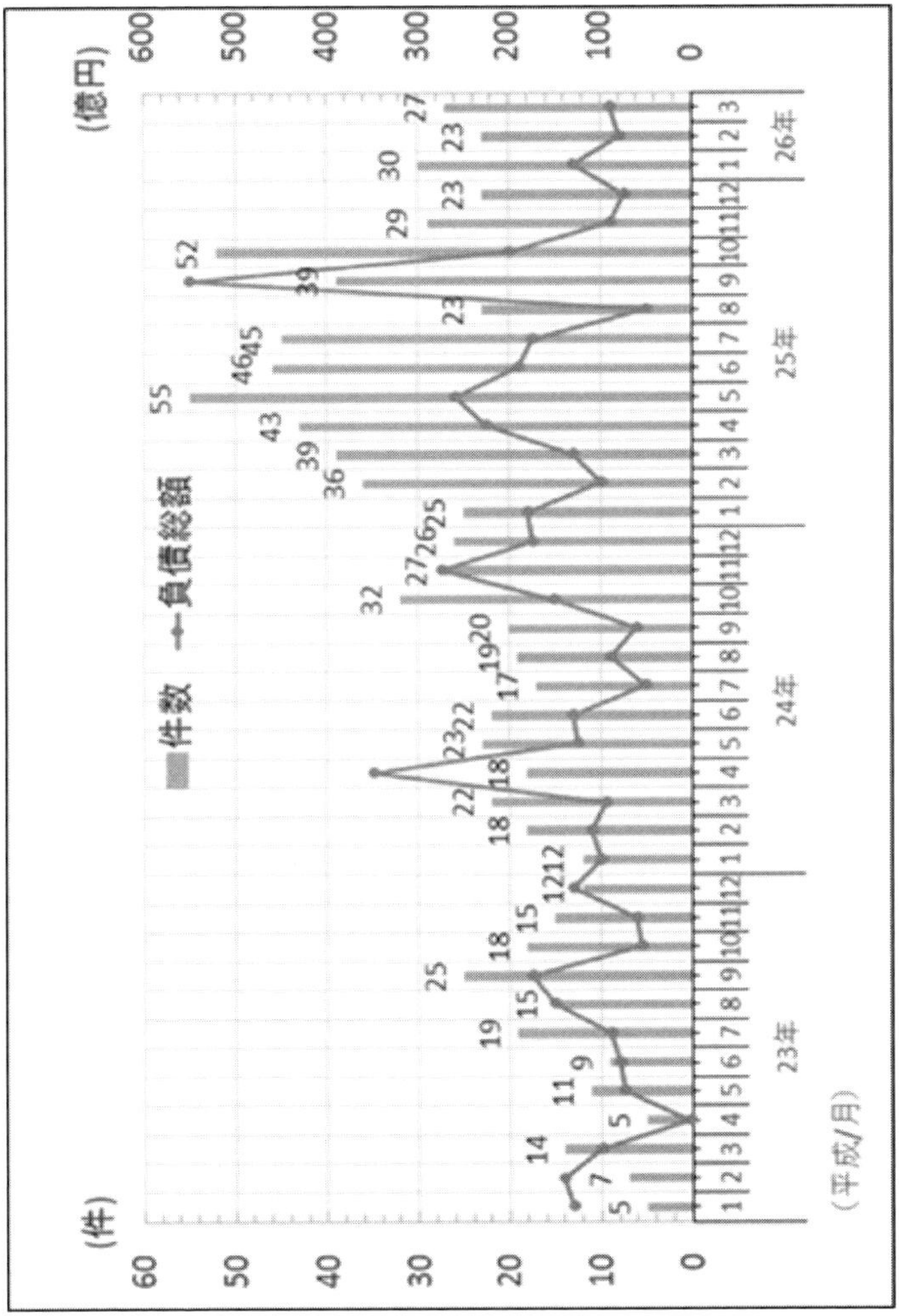

出所：東京商工リサーチ「データを読む『金融円滑化法』関連倒産」

4　倒産企業の財務状況の特徴

倒産企業と生存企業の比較分析

東京商工リサーチ社が保有する71万社の財務データベースから、２０１２年の倒産企業のうち３期連続の財務データ６７６社を無作為に抽出し、同条件の生存企業18万社のデータと比較分析した調査結果があります。

これを整理したものが図表5です。

① 増収率（売上高の増加割合）は、倒産企業は63％が減収になっています。生存企業は55％が増収となっており、業績回復の違いが鮮明になっています。

② 有利子負債率（総資産に対する借入金や社債の割合）は、生存企業の30％に対し、倒産企業は51％と極めて高率です。過大な過剰負債が経営の重荷になっていることを示しています。

③ 自己資本比率（総資産に占める自己資本の割合）は、生存企業が38％に対し、倒産企業は15％しかありません。自己資本は企業の長期安定性を示す指標ですので、この比率が低いほど借入金への依存度が高いことを示します。倒産企業の財務内容の脆弱さが浮かび上がっています。

④ 当座比率（当座資産を分子に流動資産を分母にした割合）は、企業の短期支払能力を判断す

【図表５　生存企業と倒産企業の財務比較】

	生存企業	倒産企業
増収率	55%	37%
減収率	45%	63%
赤字企業率	26%	55%
有利子負債率 (総資産に対して)	30%	51%
自己資本割合	38%	15%
当座比率	77%	50%
経常利益率	4%	▲7%

出所：東京商工リサーチ　2012 年版「倒産企業の財務データ分析」

る指標で、比率が高いほど短期的な支払能力があるとみることができます。当座比率は１００％以上あることが望まれます。生存企業の当座比率が77％に対し、倒産企業は50％と資金繰りに余裕を欠いていたことがわかります。

⑤　経常利益率（売上高に占める経常利益の割合）は、生存企業が４％に対し、倒産企業はマイナス７％と収益力が極めて悪化していることがわかります。

一度経営不振になると自力再建が難しくなる

以上をまとめますと、倒産企業は販売不振に悩み、収益の悪化で赤字体質から抜け出せず、資金繰りの悪化から借入金等の調達に走り、それがさらにキャッシュフローの悪化を招く構造となっています。倒産企業は体力が脆弱ですので、一度経営不振になると財務内容が一気に悪化し、自力再建を図ることが難しくなります。

つまり、「販売不振→収益悪化→赤字→借入返済→キャッシュフロー悪化→倒産」という悪循環に陥ってしまうのです。

倒産回避のカギは販売の抜本的なテコ入れとコストの全面見直し

倒産企業の財務の特徴を見てきましたが、倒産回避を図るためには、抜本的に販売のテコ入れを行う必要があります。旧来の販売方法の延長では増収が難しいわけですから、新しい販売方法を生み出していかなければなりません。一方、厳しい経営環境の中で増収を達成していくことに時間がかかるのであれば、コスト等の全面見直しで逆に収益増を生み出していくことが焦眉の課題となります。

とはいえ、収益増に転じたとしても、キャッシュフローが不足し資金繰りに汲々としていたのでは、先の読めない経営になってしまいます。公的機関からの資金調達や、金融機関との積極的な折衝による、リスケ（借入金の返済条件の変更）を始めとした粘り強い交渉力が必要になります。

手元資金に余裕を持たせるためには、運転資金の工夫も必要です。在庫圧縮や売掛金、買掛金のサイトの変更も有効な方法です。ましてや将来性のある事業であれば。社債や増資などの手段を活用したいものです。要は、自転車操業に陥らないように短期及び中長期の対策を同時並行で進めていくことが、倒産回避のカギになります。

第1章

経営課題とは何か？
経営革新がなぜ大切なのか

1　中小企業白書に見る経営課題とは何か

【図表６　中小企業の重視する経営課題（複数回答）】

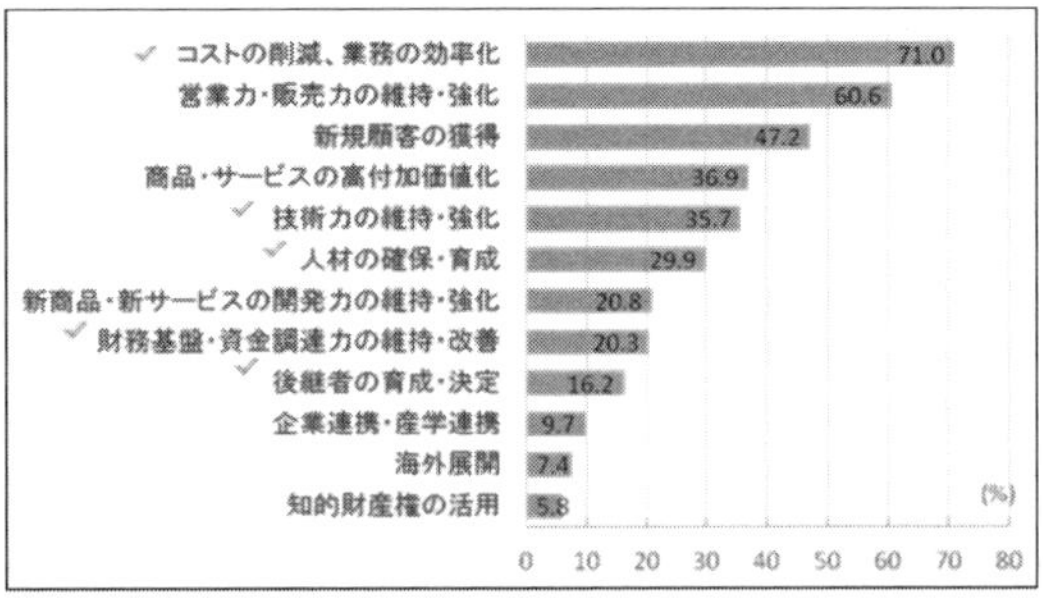

出所：中小企業白書（2013年度版）

コストの削減、業務の効率化を重視

図表６は、中小企業庁が発行する２０１３年版『中小企業白書』の「中小企業の重視する経営課題」を示したものです。

７割以上の企業が、「コストの削減、業務の効率化」を重視しています。次いで「営業力・販売力の維持・強化」や「新規顧客の獲得」、「商品・サービスの高付加価値化」を経営課題として重視しています。

その他としては、「技術力の維持・強化」「人材の確保・育成」「新商品・新サービスの開発力の維持・強化」が続いています。

なお、この経営課題については、ＩＴの活用に関するアンケート調査に基づき集計されたものですが、「コストの削減、業務の効率化」「営業力販売力の維持・強化」を経営課題として重視していても、ＩＴを導入していない企業が多い特徴を示しています。

2　経営課題を整理してみよう

中小企業の経営課題

『中小企業白書』の「中小企業の重視する経営課題」をまとめると、図表7のように2つに整理することができます。

【図表7　中小企業の経営課題】

(1)　売上高を増やす
　①　営業力・販売力の維持・強化
　②　新規顧客の獲得
　③　商品サービスの高付加価値化
　④　新商品・新サービスの開発力の維持・強化
(2)　経営体質を強化する
　①　コストの削減・業務の効率化
　②　技術力の維持・強化
　③　財務基盤・資金調達力の維持・改善
　④　人材の確保・育成
　⑤　後継者の育成・決定

売上高増と経営体質の強化、両面での取組みが必要

売上高を増やす比率は全体の46％です。一方、経営体質を強化する比率は全体の48％となっています。つまり、どちらも企業の重視する経営課題の双璧をなすものです。

どちらかだけを重視するのではなく、企業の経営課題を解消していくためには、売上高を増やすことと、経営体質を強化するという両面で取り組まなければならないものといえます。

3　経営課題を解決するために必要な経営革新

経営課題解決のための経営革新

前頁において中小企業の重視する経営課題は、売上高を増やすことと、経営体質を強化することの2つに分けられると述べました。単純に売上高を増やすことといっても、具体的にどのように考えればよいのでしょうか。売上高を増やすことは、「事業戦略における経営革新」と言い換えてみてはどうでしょうか。

経営体質を強化することは、「経営体制における経営革新」と言い換えることができます。

この言葉は、法政大学の久保田章市教授によるもので、経営革新を簡明に捉えた言葉です。経営課題から読み取れるキーワードは、「経営革新」と捉えることができます。

また、久保田教授による経営革新の捉え方をベースに、中小企業の経営課題を具体的に置き換えると、図表8のようにまとめることができます。

両者の実行で経営革新を推進

この両者を実行することで経営革新が推進され、その結果が企業の新たなビジネスモデルとなる

【図表８　経営課題解決のために必要な経営革新】

⑴　売上高を増やす⇒事業業戦略における経営革新

①　新商品・新サービスの開発

②　新たな生産や販売方式の導入

③　新たな顧客・市場の開発

④　商品・サービスの高付加価値化

⑤　新事業の進出と多角化

⑵　経営体質の強化⇒経営体制における経営革新

①　生産・販売・流通方式の変更による大幅なコストダウン

②　ＩＴ活用等による大幅な業務改善、業績管理と経営の効率化

③　人事制度や評価制度の組織的改革

④　マーケティング政策の抜本的見直し

⑤　財務基盤構造の強化

のです。そして他社が模倣困難なビジネスモデルへと昇華することで、業界で確固たる地位を築くことができるようになります。

なお、「事業戦略における経営革新」を具体的に捉えますと、「新商品・新サービスの開発」「新たな生産や販売方式の導入」「新たな顧客・市場の開発」「商品・サービスの高付加価値化」「新事業の進出と多角化」等ということになります。

「経営体制における経営革新」を具体的に示すものとしては、「生産・販売・流通方式の変更による大幅なコストダウン」「ＩＴ活用等による大幅な業務改善、業績管理と経営の効率化」「人事制度や評価制度の組織的改革」「マーケティング政策の抜本的見直し」「財務基盤構造の強化」等になります。このどれもが、中小企業にとっては容易に解決できる課題ではありませんが、ビジネスモデルをつくりあげるには欠かせないものです。

4　経営革新に取り組むと何が変わり、何がよくなるのか

今まで中小企業を取り巻く経営環境について各種のデータを用いて説明してきましたが、ここでなぜ中小企業が経営革新に取り組まなければいけないのかを考えてみましょう。

①　時代の変化と共に企業を取り巻く環境が変わってくる

高度成長期は、はるか昔のことになってしまいました。低成長期は依然として続き、先の見えない時代が続きそうです。少子高齢化が進み、モノ余りの中で消費者のニーズは多様化するとともに、その変化のスピードはますます加速しています。10年前に今のようなネットやＩＴなどの高度情報化の進展は誰も考えられなかったのではないでしょうか。また、国際化の進展は企業の競争力を弱体化させ、同業者間の競合が激化し、異業種からの進出もあります。

昔あちこちにあった酒屋さんで、今も同じように店を構えているところはまずありません。安売り酒屋チェーンが展開され、コンビニエンスストアがお酒を販売しているわけですから、従来通りの販売方法では太刀打ちできるわけがありません。

もはや過去の成功体験はこれからの成功を保証するものではなくなってきました。時代と共に市場や顧客が変わり、技術も進歩しているのです。企業は新しいニーズや変化を機敏に捉えた経営の

革新が求められているのです。

②　中小企業では経営資源が限定され事業領域が限られる

経営資源はヒト・モノ・カネといわれます。大企業ではこうした経営資源は豊富に揃っていますから、選択と集中で事業領域を変えていくことができます。東芝や日本電気などの大企業は不採算事業から撤退したり、売却したり、ドラスティックに企業変革しています。

これに対し中小企業は、これらの経営資源はもともと脆弱です。優秀な人材は不足していますし、設備は老朽化していますし、常時資金繰りで苦労しています。会社の柱となる商品やサービスが時代の変化に合わなくなれば、事業の継続は困難となります。

音楽業界に、長岡工業というレコード針の製造で有名な会社があります。レコードはカセットテープに、その後ＣＤに、果てはｉｐａｄへと変遷しました。今も会社は存続していますが、マニア向を中心に事業を続けているようです。

中小企業は限られた経営資源しかなく、かつ事業領域が限られているからこそ、経営革新に取り組まなければならないのです。

③　中小企業の経営者の平均年齢が高くなってきている

帝国データバンクの調査によれば、中小企業の経営者の平均年齢は59歳です。年齢の高齢化は、毎年上昇してきています。特に65歳前後の団塊の世代が世代交代を迎えてきていますので、ますます高齢化が進むと予測されます。

高齢化するということは、気力・知力・体力が衰えてくるということです。無理がきかなくなってきた経営者が果たしてこれからも第一線で元気に活躍することができるでしょう

【図表９　社長の平均年齢推移】

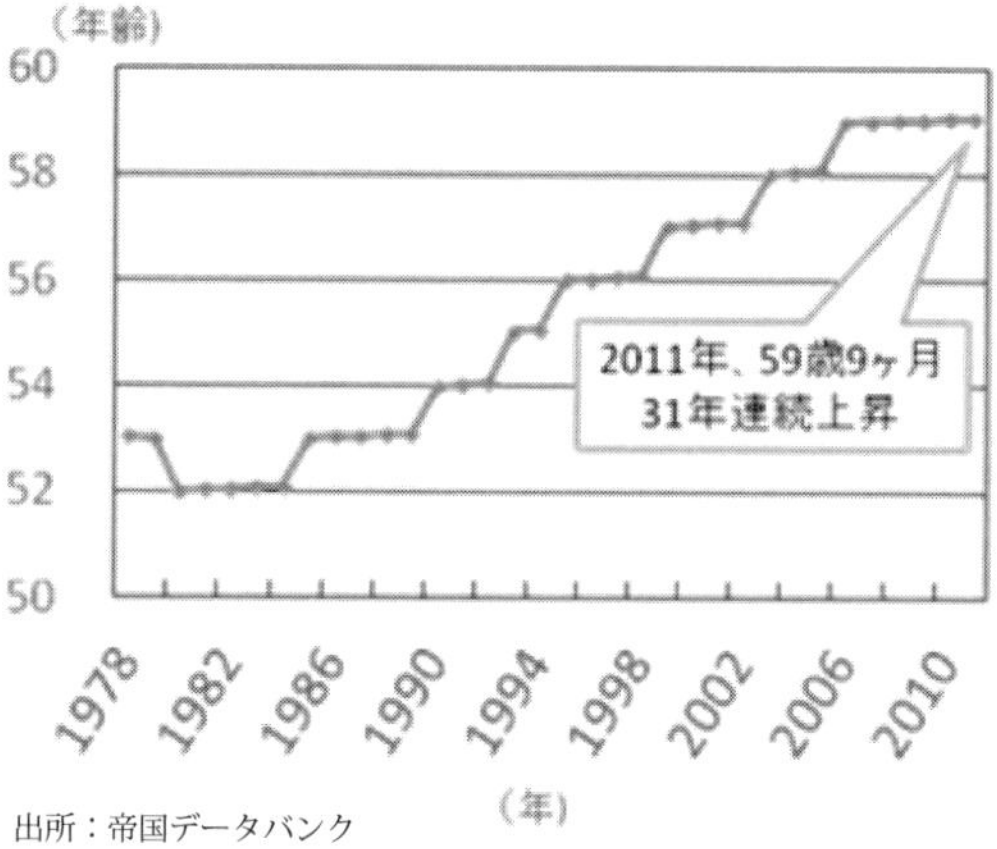

出所：帝国データバンク

【図表 10　オーナー社長の
年代別増収増益企業の割合】

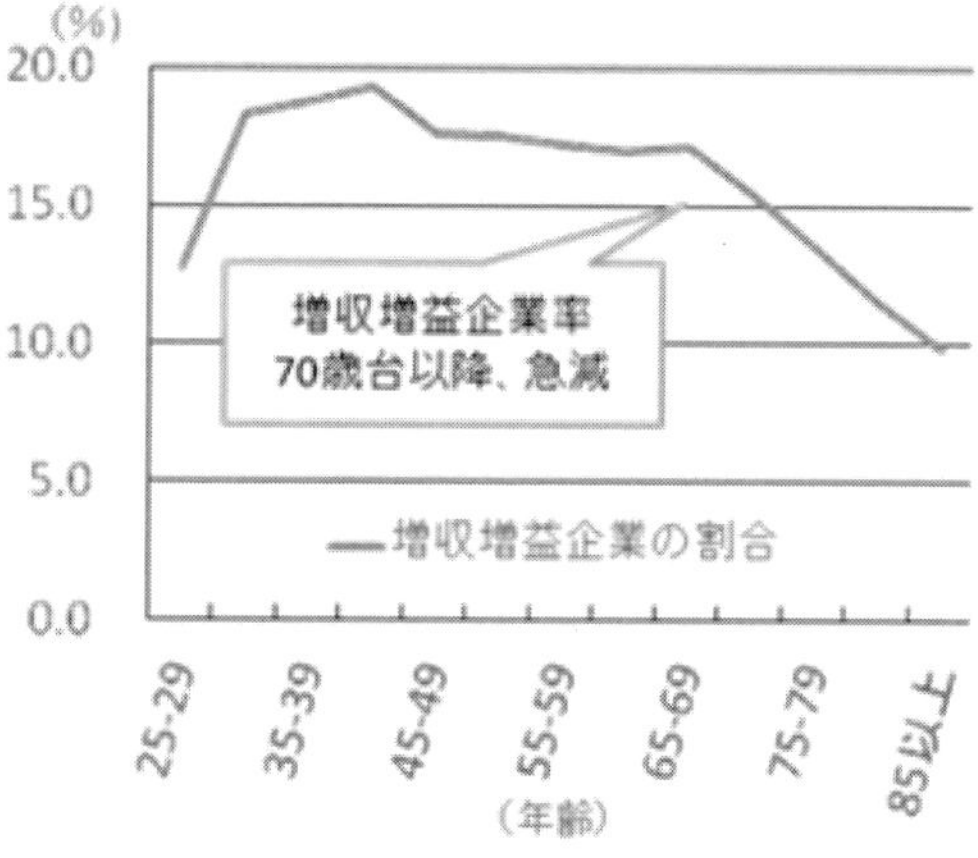

出所：帝国データバンク

か。ましてや頭脳の柔軟性がなくなってきていますので、経営環境の変化のスピードについていけるかどうか、とても厳しいものがあります。

経営者の平均年齢推移は、図表９のとおりです。また、図表10に見られるように、特に高齢化が進むほど増収増益企業の割合が低くなる傾向があり、経営者が70歳代以降になりますと、増収増益割合は急減しています。

【図表11　オーナーの年齢と後継者の状況】

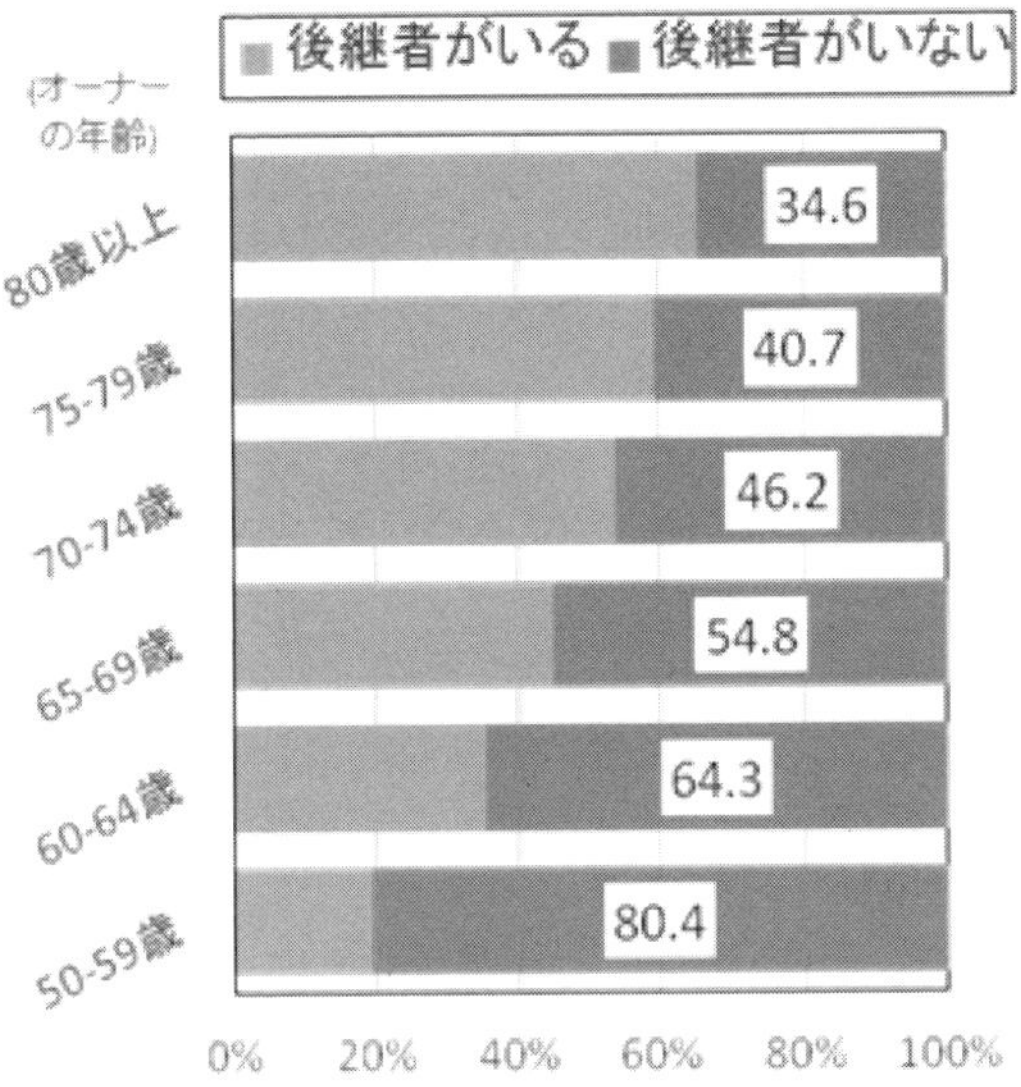

出所：帝国データバンク資料により、
週刊ダイヤモンド作成

世代交代を円滑に進めることができなければ、廃業やM&Aの道を辿ることになりかねません。

むしろこれを第二創業の機会として積極的に捉え、次代を担う後継者の指定と育成をすることが急務です。

そして後継者を主導的な立場に据え、共に経営革新を図り、新たなビジネスモデルを構築しなければならないのです。

図表11を見ますと、一般のサラ

リーマンなら定年を迎えている頃であろう65歳から69歳の経営者のうち、半数以上に後継者が不在です。驚くことに80歳以上では3分の1が、不在となっています。

図表12を見ますと、世代交代が早いほど会社の業績が良くなってきていることがわかります。

以上のことから、何故企業が経営革新に積極的に取り組まなければならないかがよく理解できたと思います。

【図表12　後継者年齢別の承継後の業績】

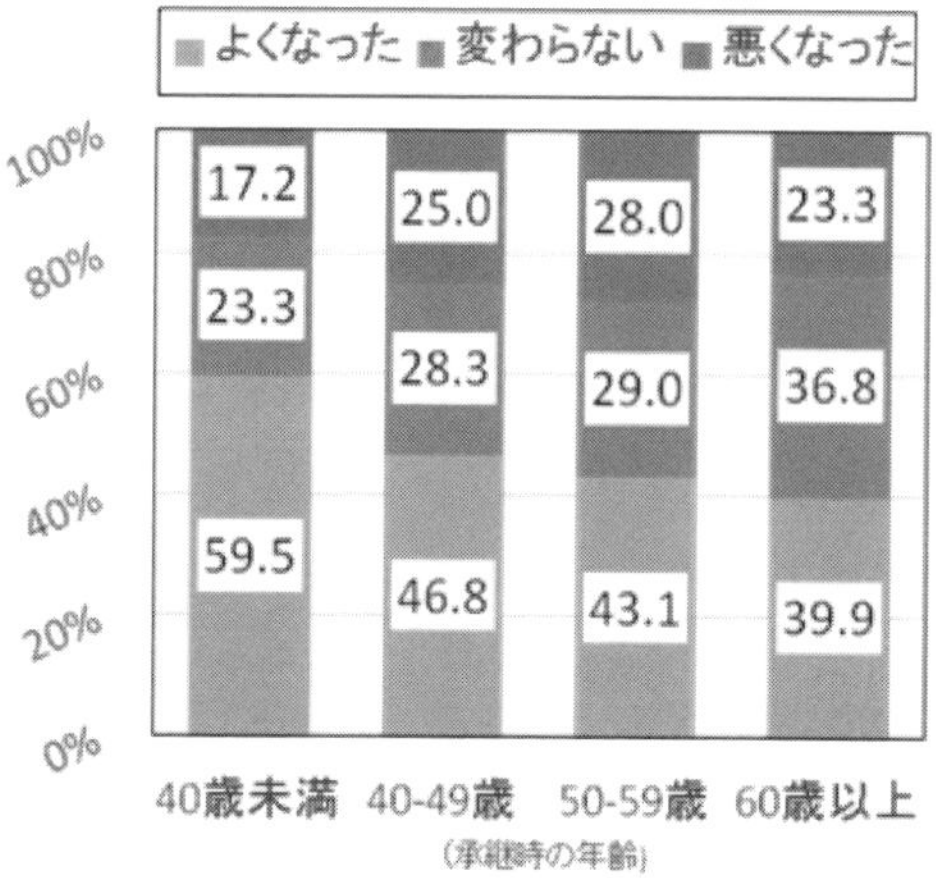

出所：帝国データバンク資料により、
週刊ダイヤモンド作成

次章以降で経営革新の具体的な進め方を説明していますが、これらを着実に進めることができたなら、次のような効果が期待できるものです。

・自社の特徴を強みとしたビジネスモデルが確立する
・効率経営に転換する
・コスト削減が進む
・増収増益の収益体質に転換する
・財務体質が強靭となる
・全社員一体の価値観が醸成される
・対外信用力が増進する

第2章

「事業戦略構築」を実現するための経営革新の進め方

1 事業戦略を考えよう

【図表13　成長マトリクス】

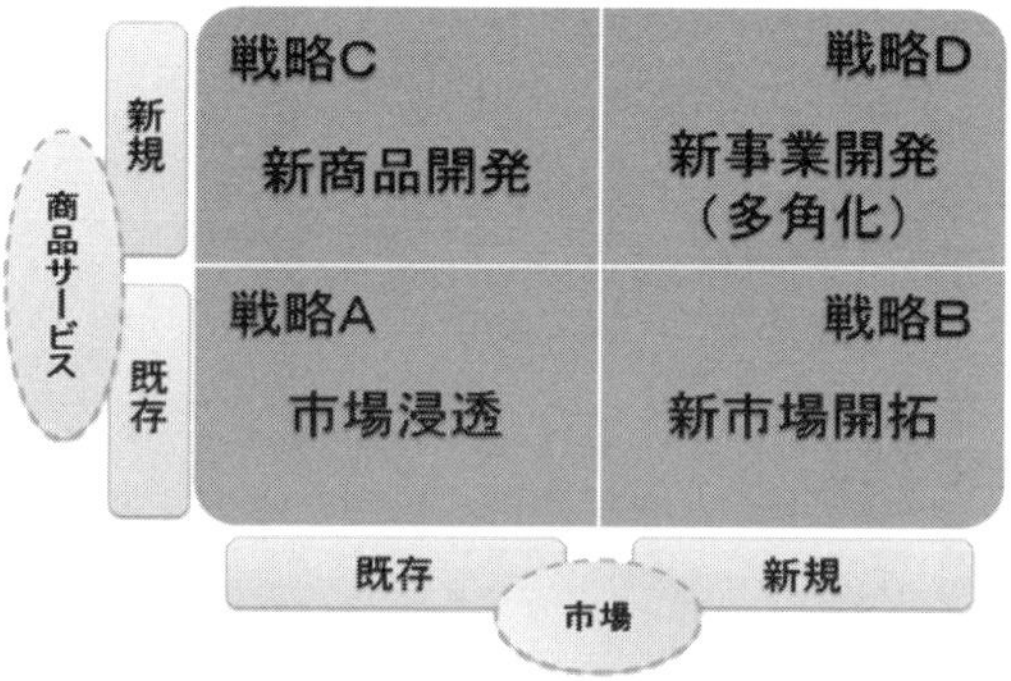

出所：アンゾフ「成長マトリクス」

成長マトリクスの利用

経営革新を進めるうえでまず第1に考えなければならないことは、自社の製品や商品・サービスを、どのターゲットに向けて勝負するかということです。これは、アメリカの経済学者アンゾフの「成長マトリクス」を使うと、とてもわかりやすく考えることができます。

図表13は、カーネギーメロン大学のアンゾフ教授が、事業戦略の位置づけを行うために、市場と商品の二軸を設定し、それぞれ既存と新規と分けることにより、4つの象限に分類したものです。縦軸を商品・サービスとし、横軸を市場としました。戦略の種類は4種類あり、まず戦略Aは市場浸透戦略です。戦略Bは新市場開拓、戦略Cは新商品開発、最後に戦略Dは新事業開発による多角化です。

2　事業戦略を展開しよう

①　戦略Ａ　市場浸透戦略

既存市場の顧客に既存商品を販売するものです。今までと同じ市場において、他社との競争に勝つことによってマーケットシェアを高める戦略です。

一般的には今の顧客をロイヤルカスタマーに変えることを目指します。その手法として、購入量に応じてディスカウントしたり、インセンティブを与えることや、顧客とのリレーションを高める企画を導入することなどがあります。地元の酒屋さんがワインの品揃えを充実し、ワインの目利きとして購入のアドバイスをしたり、ワイン教室を開いたりしているのも、顧客をロイヤルカスタマーに変えて、市場浸透を図っているといえます。

身近な例ですが、私の住んでいる住宅地の家電ショップはとても繁盛しています。というのも、その店はテレビやＤＶＤが故障のときでもすぐ来てくれます。極端な話、電球1個でも取り付けてくれるのです。つまり価格が安いというだけなら大型の安売り電器品店では買わないという人が結構いるのです。気楽に相談もできますので、もうすっかりロイヤルカスタマーになっています。

そもそも「売上高＝顧客数×販売単価×購買頻度」と考えることができますので、顧客数を増やすことと、購買量、購買頻度を上げることがポイントになります。毎月購入制度でディスカウントして継続販売することはその例です。

このように、新しい用途を提供する面と、新しい顧客との接点をつくる面に細分化すると、戦略の幅が広がります。ミキプルーンがプルーンを使った料理を推奨しているのは、新しい用途を提供することで購買頻度と購買量を増やしているのです。また定期的に代理店とエンドユーザーを招いて演劇に招待していることも顧客との接点づくりに役立っています。

② **戦略Ｂ　新市場開拓**

既存商品を新たな市場で販売するものです。現在の商品を、さまざまな方法で、新市場となる新しい顧客へ展開するということになります。

新市場は2種類の考え方があります。1つは地理的な面から新市場を捉える方法です。例えば、讃岐うどんの店の関東出店がそれにあたります。逆に、納豆を関西以西で販売することも考えられます。しかし、これは食習慣の違いがありますから、安易に市場を広げればいいわけではありませんが、要は地理的な障害を越えて進出する方法がないか検討する必要があります。

2つ目は、地理的には同じであっても、顧客対象を広げるということです。限定していた顧客セグメントに新しいセグメントを追加する方法です。すっかり定着しましたが、女性だけを対象としていた美容院が、若い男性のカットを扱うようになったのもこの方法です。また、女性用のオーデコロンをユニセックスとして男性に販売するのもその例です。こうした場合、しばしば新しいブランドとして展開する例が多くなっています。

最近では病院食を地域の住民に提供販売する例が出てきました。病院食は当然入院患者や付添者のみを対象としていましたが、健康志向の高まりでヘルシーな食事が望まれるようになりました。糖尿病患者に提供する食事がその典型です。病院内の食堂で提供するだけでなく、地域の各種施設に配送することも考えられます。

このように、地理的な側面と、商習慣としての側面の２つの面から新市場の開拓を細分化すると戦略の幅が広がります。

③　戦略Ｃ　新商品開発

新しい商品を、現在の顧客に販売することで成長を図る戦略です。現在の商品に新機能を加えたり、アクセサリーを付加したり、あるいは全く新しい商品を開発したりして販売しますが、あくまで既存顧客への販売を目指すものです。

ビール業界がその典型です。ラガーやドライだけがビールと思っていたら、今やたくさんの銘柄のビールが溢れています。疑似の発泡酒もノンアルコールも出ており、選ぶのが大変なほどです。カップラーメンもいくつものメーカーから、いくつもの銘柄が製造されています。

その他身近な例としては、コンビニエンスストアがイートインのスペースを設置しているのもそうです。食事できる場所を提供することで、弁当をその場で買うだけでなく飲み物も買ってもらうことで単価アップを図っています。

また、ゼロックスといえば、コピー機しか頭に描かれていなかったのですが、最近は事務器の総合ソリューションメーカーとしての地位を築いています。ドキュワークスといった電子文書システムで事務処理の効率化を図ったり、パソコンの販売と共にセキュリティシステムも提供しています。これも既存顧客に対し新しいシステムを提供することで既存顧客への深耕を進めることで、販売単価を高めていく戦略です。

ダスキンもそうです。ダスキンといえば昔は玄関マットのレンタルというイメージだったのですが、今は違います。家庭の掃除用品や各種家庭用品のレンタルだけにとどまらず、どうせ家庭を訪問するならということで、ハウスクリーニングや害虫駆除、庭木の手入れ、果ては家事代行まで取り組んでいます。

このように新商品開発は、新しい機能や用途を加える方法と新しい技術や製法で新商品をつくる方法に細分化すると戦略の幅が広がります。

④　戦略D　新事業開発（多角化）

全く新しい商品で新市場に進出するものです。これは多角化とも呼ばれていますが、商品や市場とも、現在の事業とは関連しない新しい分野への進出となりますので、非常にリスクの高い戦略です。大企業はヒト・モノ・カネと経営資源が豊富にありますので、選択と集中により容易に進出することが可能ですが、経営資源の制約があり、かつノウハウも乏しい中小企業は、慎重な判断が求められます。ただ、ベンチャー企業のほとんどが、このジャンルで勝負しますので、勝ち目がないわけではありません。

私のクライアントである建設会社は、受注不振の悩みから転換を図りました。それはドーム型の水耕栽培農法への進出でした。今では地震や津波の被害にあった東北地方で大型ドームを建設し、地域の雇用拡大と景気振興に大きな役立ちを果たしています。当初は資金的に厳しかったのですが、事業の先行性が認められ、外部からの資金調達に成功し、軌道に乗っています。

居酒屋チェーンのワタミが高齢者向け介護事業に進出したのも、新事業による多角化戦略です。資金があるからこそ、Ｍ＆Ａで運営ノウハウを持っている会社を吸収して展開できるのです。最近では、Ｍ＆Ａで高齢者向け弁当宅配会社を吸収し、さらに新たな事業展開を図っています。

多角化の４つのゾーン

ところでこの多角化は４つの面で分解することができます。

①　水平型多角化

同じ分野で事業を広げるタイプです。スーパーのイトーヨーカドーがコンビニエンスストアのセブンイレブンチェーンを展開し、現在ではデパートのそごう・西武を傘下に収めています。総合小売業としての多角化を展開しています。オートバイメーカーであったホンダが自動車メーカーとして成功したのも水平的多角化になります。

②　垂直型多角化

製造業が小売業へ、小売業が製造業へというように、上流へ、または下流へと事業を広げるタイプです。ユニクロが典型的な例です。もともと衣料品の販売業でしたが、デザインを企画し、繊維メーカーと原材料の開発をし、東南アジアで製造縫製をし、全世界に小売店舗を展開しています。

③　集中型多角化

現在の商品と近い商品で新しい市場へ進出するタイプです。パソコンメーカーであったアップルがｉＰｏｄを開発し音楽配信事業に進出したのが好例です。ヤマハが楽器製造業からヤマハ音楽教室を展開しているのもこの例といえるでしょう。自社のノウハウを活用した事業展開と考えるといいでしょう。

④　集成型多角化（コングロマリット型多角化）

自社になかった全く新しい商品を、全く新しい市場に導入するタイプです。ソニーは生命保険業界に進出し、ソニー保険として業界で地位を築いています。セブンイレブンが銀行業に進出したのもそうです。インターネットショップの楽天が、生命保険や銀行業、証券業、果てはプロ野球の球団を経営するなどは典型的な集成型多角化です。

こう見てくると、多角化は資金力のある大企業でしか展開できない、と思うかもしれませんが、すべて自社で事業を起こすのではなく、他社との連携や共同化、一部事業の合弁化、あるいはアウトソーシングにより展開できる可能性があります。

ＩＴの急速な進展などで、環境の変化や顧客の変化など企業を取り巻く状況は、大きく変貌を遂げています。企業の成長の機会が窺える戦略です。

⑤　戦略ＣＤ　新商品で新市場開拓

ところで事業戦略を、今まで述べたような４つのゾーンで考えていくと、どうしても戦略に限界が生じます。戦略Ｄは、中小企業にとってはとても障壁の高い戦略です。経営資源に限界のある中小企業にとってリスクが大きすぎます。特に多角化を進めることは至難の業です。

自社にない全く新しい商品を、まったく足を踏み入れたことのない新しい市場で販売するというように考えると、確かに困難なことですが、これを現在の自社の強みを生かすという観点で考えてみたらどうでしょうか。前述した法政大学 久保田章市教授は、戦略ＣＤを提唱しています。

私のクライアントの例ですが、大手の衣料品販売会社に基礎化粧品を収めているメーカーがありました。品質が良く利益率も高いことからドル箱の収益を上げていました。ところがこの収益の高さに目を付けた納入先の衣料品販売会社が、他の化粧品メーカーを買収し自社の製品として製造販売することになりました。当然売上がストップです。そこで自社の技術力を活用して自社ブランドを開発しました。そして大手小売店チェーンに販売することに成功しました。今では安定収益を上げ続けています。

またこれもクライアントの例ですが、今まで内装工事業を営んでいたのですが、競合が激しく収益の悪化に苦しんでいました。しかしながら自社ブランドで、木造フローリングの独自のコーティング剤の開発に成功し、製品の良さと丁寧な仕事ぶりが評価され、今では大手マンション業者からマンションごとの一括発注を任されるようになりました。

　こうした例は、いずれも自社の技術力や特徴を生かした商品の開発に成功し、新しい販売チャンネルの開拓に取り組んだ結果、好業績を産んだものです。既存の市場が縮小しているとか、将来性に限界がある場合には、とても有効な戦略です。実は経営革新で最も成功しているのは、この戦略ＣＤだと考えられます。

　また、戦略ＣＤは、後継者が新しく事業展開を進めるうえでも特に有効な戦略です。先代が築き上げた商品やサービスが、今の時代でも成功するビジネスモデルかとなると、とても厳しいものではないでしょうか。後継者が中心になって新たに第2創業としてのスタートを切り、新商品・新市場開拓が実を結べば、企業の発展につながります。これこそ後継者が進めるべき経営革新です。

　愛知県のあるプラスチック成形メーカーは、2代目への社長交代を機に従来の文具用品向けから、化粧品や医薬品容器等の新たな分野を開拓し工場の新設を実現しました。また、デザイン部門を設けてデザイン力、提案力を強化して多様なオーダーメイド品に対応することが可能となりました。さらに女性活用に積極的に取り組み、女性の新卒採用や管理職昇進を進め、社長就任時に比べ、売上、従業員数は2倍にまで成長しています。

3 事業戦略を整理しよう

【図表14　事業戦略５つのパターン】

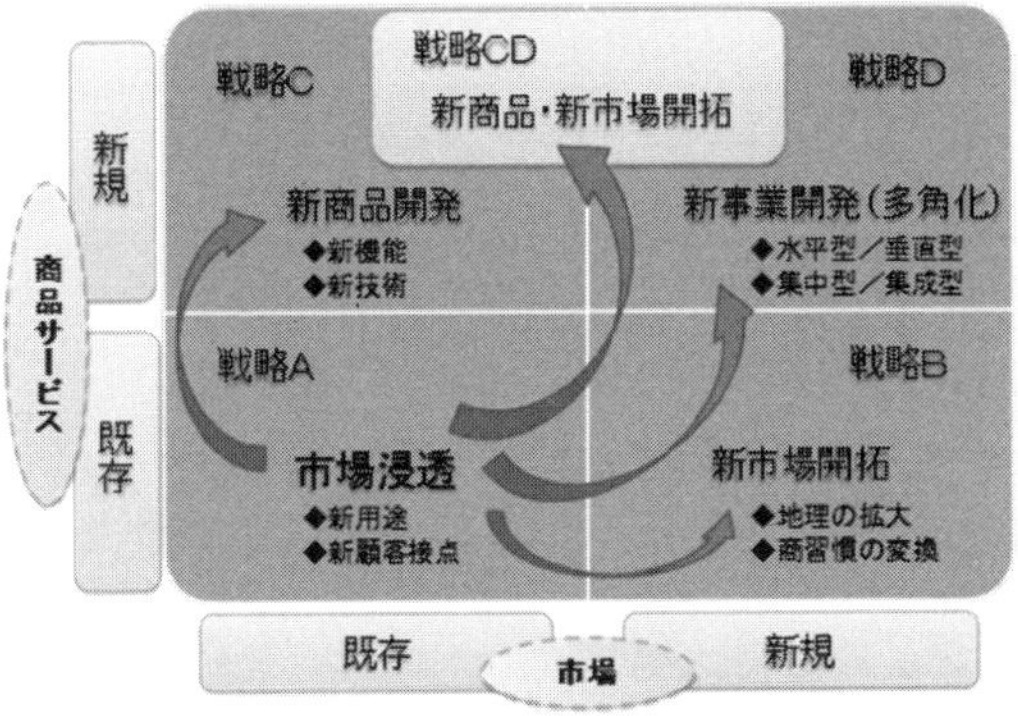

出所：法政大学・久保田章市教授による「成長マトリクス」に加筆

どの事業戦略をとるか

以上、事業戦略を４つのゾーンと、間に１つのゾーンを含めた計５つのゾーンから捉えてきました。これらの戦略を細分化した視点で考えると、図表14のようになります。

どの事業戦略をとるかはその企業の業種・業界を取り巻く状況や特異性、企業の体質や歴史、経営資源の状況など、さまざまな観点から考えていくことになります。

しかし、現状維持では、厳しい企業間競争を生き抜くことが困難な状況なら、事業戦略における経営革新の取組みは、必須のものです。

このマトリクスを用いてどの事業戦略を取るかを考えてみましょう。

そして、図表15で、自社が採用すべき戦略を具体的に構築してみましょう。

【図表15　事業戦略の構築シート】

区分	基本戦略	ポイント	具体的戦略
戦略A	市場浸透	新用途 新顧客接点	
戦略B	新市場開拓	地理拡大 商習慣変換	
戦略C	新商品開発	新機能 新技術	
戦略CD	新商品・新市場 開拓	独自性 強味・長所	
戦略D	新事業開発 （多角化）	水平型 垂直型 集中型 集成型	

ここで事業戦略を考える進め方としては、戦略A、戦略B、戦略C、戦略CD、最後に戦略Dの順番で考えていくとわかりやすいでしょう。

その場合、幹部あるいは従業員と共にブレーンストーミングで自由に意見を出し合うと、思わぬビジネスアイデアが出てくるものです。

4 経営資源を考えよう

自社の強みと弱み

今までに述べた事業戦略を、さあ自社でも構築しようとしても、どの戦略をとるべきかは、実際は自社の経営資源を基に考えていかなければなりません。どんなにこの戦略を取りたいと思っても、その戦略を実行する経営資源が備わっていなければなりません。つまり、自社の経営資源で、どの市場にどの商品を提供できるかどうかを考えていくことになります。

経営資源はヒト・モノ・カネといわれています。ヒトとは、その分野の技術やノウハウを持った人材がいるかどうか、また、推進したり管理できる人がいるかどうかをいいます。モノとは、生産できる設備や工場があるかどうか、販売網や販売力があるかどうかをいいます。カネとは、開発や設備投資の資金があるかどうか、運転に必要な資金があるかどうか、あるいは調達できるかどうかをいいます。

なお、前述の経営資源は、実は自社の内部資源を指すわけですが、その前に自社を取り巻く環境を考察していくことが大切なこととなります。なぜなら、外部環境を無視しては、自社の立ち位置を掴むことはできませんし、環境を味方につけることもできないからです。

こうした経営資源を考える場合、次に述べるSWOT分析が役に立ちます。SはStrengthで強みをいい、WはWeaknessで弱みのことです。OはOpportunitiesで機会をいい、TはThreatで脅威をいいます。

外部環境が自社に与える影響については、日頃忙しい経営者にとって案外考えることがないものです。日頃の付き合いである業界仲間の情報だけでは短期的な視点に陥りがちとなります。得意先や仕入先の動きから今後の趨勢を見ていくことや金融機関から情報を収集することも大切です。とりわけ業界を取り巻く法改正は、自社の生存を大きく左右する要因です。また、自社の属する業界だけを見るのではなく、他業界の動きを見ることで新しい流れをつかむことができるものです。

こうした自社に与える影響が、チャンスになるのか、それともピンチになるのか、慎重に見極めることが大切になります。

ヒト・モノ・カネ・技術・情報といった自社の経営内部資源を正確に把握するには、自社の特徴を客観的に判断しなければなりません。経営者や経営幹部だけの主観だけでは偏る恐れがあります。部門ごとに、あるいは全社員から自由に意見を吸い上げることや、顧客や取引先の声を聴くことで、認識を新たにすることができます。

また、これらの内部資源は数字でとらえることができるのも多いものです。各種の要因ごとにデータを集計し分析することにより、自社の強みと弱みをあぶり出すことができます。その他に、アンケートを実施したり、チェックシートや外部への診断を依頼することも有効な方法です。

5　外部環境の変化をつかもう

５つの環境要因で考える

自社を取り巻く経営の外部環境を考える場合、大きくは5つの環境要因で考えるとわかりやすくなります。

①　業界の動向は今どうなっているのか、また今後はどのような方向に向かうのか。
②　得意先の購買動向に今までと異なる変化は見られないか、消費者の価値観の変化が見られないか。
③　仕入先や外注先の動きで警戒すべき変化はないか、新たな供給手段がないか。
④　同業他社の動きで自社に影響を及ぼすものはないか、大きく伸びている同業他社はどのような手を打っているのか。
⑤　法律の改正が規制になるのか緩和になるのか、政治状況により法律が改正されるのか。

このような、「業界の動向」「得意先の変化」「仕入先の変化」「同業他社の動向」「法律の改正」を考えるうえで、さらに各々の環境要因を、機会やチャンスと捉えることができないか、あるいは逆に、脅威やピンチとなるのかの2つの視点で考えると、より具体的に環境変化を把握することができます。

こうした自社を取り巻く外部環境を、機会と脅威に分けて整理したものが図表16です。

なお、実際に考えていく場合のポイントを図表17に記載していますので、参考にしてください。

【図表16　経営「外部環境」の変化】

機会・チャンス	環境要因	脅威・ピンチ
	業界の動向	
	得意先の変化	
	仕入先の変化	
	同業他社の動き	
	法律の改正	

出所：ＴＫＣ

【図表17　環境要因を考えるポイント】

環境要因を考えるポイント

機会・チャンス	環境要因	脅威・ピンチ
・他業界へ進出できる商品やサービスがないか ・ITの進展で業界構造が大きく変化しないか ・業界自体の今後の発展や伸長が期待できるか ・社会的ニーズやライフスタイルの変化で、自社のニーズが高まるものはないか ・高価格品のニーズが求められていないか	業界の動向	・他業界からの進出で商品やサービスの縮小につながるものはないか ・ITや技術革新で時代遅れになる商品やサービスはないか ・業界自体の今後の停滞や縮小が見込まれないか ・社会的ニーズやライフスタイルの変化で自社のニーズが減少するものはないか ・低価格品が業界を席巻していないか
・顧客の価格・品質・サービスのニーズの変化で、自社が応えられるものはないか ・顧客の不満足の解消に対して、自社で応えられるものはないか ・好業績を上げている顧客を得意先としているか ・顧客の喜びや感謝の声が届いているか ・得意先とのコラボで新しいビジネスが生まれるものはないか	得意先の変化	・顧客の価格・品質・サービスのニーズの変化に、自社が応えられているか ・顧客の購買量や購買頻度などの購買動向の変化が見られないか ・得意先の業績が悪化していないか ・特定の得意先への売上シェアが高まりすぎていないか ・クレーム要求が多くなっていないか
・低価格の代替品が見つけられないか ・見積引合で有利な条件で新しい仕入れ先が見つけられないか ・仕入先からの情報でビジネスチャンスとなるものはないか ・仕入先とのコラボで新しいビジネスが生まれるものはないか	仕入先の変化	・コストアップの動きや兆候はないか ・優良な仕入れ先の確保が難しくなってきていないか ・品質やサービスが低下してきていないか ・外注先で上記のような気になる動きがないか ・自社に不利な条件を要求される恐れはないか
・伸びている同業他社から自社に生かせる商品・サービスはないか ・伸びている同業退社の組織やマーケティングで参考となるものはないか ・同業他社が縮小している商品・サービスはないか ・同業他社が撤退している地域はないか ・同業他社の商品・サービスの弱点を突いて攻勢をかけられないか	同業退社の動き	・積極的な営業攻勢でシェアを奪われてきていないか ・合併や支店増設などでシェアを奪われていないか ・新商品・新サービスで売り上げを伸ばしているところはないか ・参入障壁が低く、同業者が増えてきていないか ・自社の商品・サービスの弱点を突いて、同業他社が攻めてきていないか
・新たな規制緩和で市場が拡大する法規制の動きはないか ・規制緩和で、他の業界に進出できるものはないか ・規制強化で逆にニーズが拡大するものはないか ・新法の施行でビッグチャンスとなる商品・サービスはないか	法律の改正	・新たに規制が強化される法改正の動きがないか ・規制緩和で他の業界からの進出が見込まれていないか ・労働行政の規制強化で自社の業績に影響が出る恐れはないか ・新法が施行されて対処に資金や労力負担となるものはないか

6　経営内部資源を確認しよう

ヒト・モノ・カネの強みと弱み

外部環境の変化を捉えることができたら、次は自社の経営内部資源の確認に入ります。前に、経営資源はヒト・モノ・カネといいましたが、これをより具体的に項目別に考えていきます。そして、各々の経営資源を２つの観点から捉えます。１つは、強みや自信・自慢となるものは何かということです。もう１つは逆に弱点や不安、心配な面は何か、ということです。

まずヒトです。ヒトは、経営者、管理者、社員、および組織風土に分けていきます。各階層に分けて自社の人材の特質となるものを、強みと弱みの両方で整理します。また組織風土も大きな要素です。今までに培われてきた社風や組織の風土は、一朝一夕に変えることができるものではありません。現実を正しく冷静に判断することです。組織風土診断のシステムを用いてみることも、有効な方法です。

次にモノですが、これこそ企業のコアとなるものです。これを、商品力、技術力、生産力、営業力に分けて考えていきます。この経営資源は企業の根幹をなす実力を示すものですから、各種データをさまざまな観点から分析するなどして実態を把握することです。また、この経営資源を強みと

【図表 18　経営「内部資源」の確認】

強み・自信・自慢	経営資源		弱み・不安・心配
	モノ	商品力	
		技術力	
		生産力	
		営業力	
	ヒト	経営者	
		管理者	
		社員	
		組織風土	
	カネ	財務	
		情報	

出所：ＴＫＣ

弱みの両方で整理します。

それから、カネですが、財務の面から企業の資金力を把握します。特にキャッシュフローが重要な要素となります。営業活動から生じるキャッシュフローはどれくらい産み出せるのか、投資活動によるキャッシュフローはプラスなのかマイナスなのか、その結果生じるフリーキャッシュフローは十分なプラスを産みだしているのか、そのフリーキャッシュフローが財務活動から生じるキャッシュフローの流出をどのくらい賄えて残るのか、現預金の残高がどのくらい増減するのかなどです。

自社の強みと弱みを見つける

こうした社内の経営資源を各要素に分けて、なおかつ強みと弱みに分けて整理したものが、図表18です。社内でブレーンストーミング形式で自由な発言を集めると、必ずや自社の強みや弱みが見つかるはずです。

7　事業戦略をクロスして考えよう

クロス分析

今まで外部環境の変化を、機会やチャンスとして捉えるか、脅威やピンチとして捉えるかの視点で検討してきました。さらに経営の内部経営資源を、強みや自信として捉えるものと、弱みや不安として捉えるものの視点で検討してきました。

ただ、このように各要素において列挙して検討するだけでは平面的です。これを重層化して考えることが戦略の現実性を高めることに役立ちます。それがクロス分析です。外部環境の機会・チャンスと脅威・ピンチを、内部経営資源の強み・自信と弱み・不安という４つの視点と組み合わせるようにします。そうすると４つのゾーンに区分することができます。

外部環境の機会・チャンスと自社の内部経営資源の強み・自信がクロスしたゾーンは、強みを活用してチャンスを生かす戦略になります。人材や資金を積極的に投入する戦略が求められます。いわば一番重点を置くべき戦略です。

機会・チャンスと弱み・不安がクロスしたゾーンは、弱みを克服してチャンスを利用する戦略になります。せっかく市場から求められているのに、自社の内部の弱みがネックになり、チャンスを活かせていないですから、ある程度時間をかけて弱点補強することが求められます。

脅威・ピンチと強み・自信がクロスしたゾーンは、強みを活用して脅威をチャンスに変える戦略になります。市場が伸びる余地がないとか縮小傾向にある場合は、強みを生かして差別化することがポイントになります。

【図表19　経営の強みと弱み】

内部資源／外部環境		強み・自信・自慢	弱み・不安・心配
		自社が他社よりも優れているものは何か？	自社が他社より劣っているものは何か？
機会・チャンス	自社にとって有利な市場の変化は何か？	[強みを活用してチャンスを生かす]	[弱みを克服してチャンスを利用する]
脅威・ピンチ	自社にとって不利な市場の変化は何か？	[強みを活用して脅威をチャンスに変える]	[弱みを補強し脅威に備える、又は撤退する]

出所：ＴＫＣ　ＳＷＯＴクロス分析シートに筆者加筆。

脅威・ピンチと弱み・不安がクロスしたゾーンは、弱みを補強して脅威に備えるか、または撤退する戦略になります。このままだと事業の死活に大きな影響を与えますので、短期的に取り組むべき戦略になります。場合によっては、勇気ある決断による撤退が求められます。

この４つの視点でクロスした表が、図表19です。自社の実態がより明確に把握でき、実行すべき戦略と重点とすべき戦略、短期・中期・長期のどの戦略を取るべきかが明らかになりますので、ぜひ取り組んでみてください。

新たな事業戦略

なお、新たな事業政略は新規事業分野進出として位置

【図表 20　新規事業分野優先度チェックシート】

新規事業分野優先度チェックシート

新規事業分野の候補	評価項目							合計	順位
	①	②	③	④	⑤	⑥	⑦		

評価項目		評価ポイント(点)		
		2点	1点	0点
プラス要因	①これからの成長性は高いか	非常に高い成長性が期待できそう	ある程度の高い成長性が期待できそう	殆ど高い成長性は期待できそうにない
	②魅力ある収益性が確保できるか	非常に高い収益性の確保を見込むことができそう	ある程度の高い収益性を見込むことができそう	高い収益性は殆ど見込めそうにない
	③シナジー効果（相乗効果）が期待できるか	非常に高いシナジー効果が期待できそう	ある程度の高いシナジー効果が期待できそう	殆どシナジー効果が期待できそうにない
	④他社との差別化を図ることが出来るか	非常に効果的に他社との差別化を実現できそう	ある程度効果的に他社との差別化を実現できそう	効果的な他社との差別化は殆ど実現できそうにない
評価項目		評価ポイント(点)		
		0点	-1点	-2点
マイナス要因	⑤初期投資額が高すぎることはないか	初期投資はそれほど大きくなく、資金調達は大きな問題にならない	初期投資はかなり大きいが、本業にそれほど負担は与えそうにない	初期投資が大きく資金調達面で本業にかなりの負担を与えそう
	⑥収益が出るまで長期間かかることはないか	1～2年で収益が出るところまで持っていけそう	ある程度の収益が出るには3～4年はかかりそう	収益が出るまでには5年以上かかりそう
	⑦将来、大手が進出してくる可能性はないか	大手の進出がかなり難しい分野であり、進出の可能性は殆どない	今のところ大手の進出はないものの、その可能性は十分考えられる	既に大手の進出が始まっている。または、ここ数年内に進出してくる計画がある

づけられますので、実際に進める際には、可能性・確実性をもとに現実化するために図表20によるチェックシートを活用します。そして採用した新規事業分野進出のプランを図表21に記入して、実行のステップを踏むことになります。

【図表21　新規事業分野進出プラン検討シート】

新規事業分野進出プラン検討シート

新規事業分野の候補	チェック欄				新規事業分野への進出のステップ	スケジュール						担当者
	①	②	③	④		月	月	月	月	月	月	

第3章

「経営体質強化」を実現するための経営革新の進め方

1　経営革新体制を俯瞰しよう

経営革新のための企業体制

前章までは、事業戦略を再構築するための経営革新の進め方について、述べてきましたが、この事業戦略は自動車で例えると、ハンドルに当てはまります。ハンドルを握って、いくら前に進もうとしてもエンジンがついていなければ動くことはできませんし、たとえエンジンがついていたとしても、効率が悪かったりパワーが弱ければ、スムーズに前に推進する力が不足することになってしまいます。このエンジンにあたるのが、企業の内部の経営システムということになります。従来の経営システムの革新を図るための重要な要素となるものが、図表22になります。

まず、ベースとなる経営理念や経営ビジョンの見直しです。そして事業戦略を円滑に推進するための組織改革と組織の活性化に着手します。さらに業務の見直しによる経営の効率化を図る必要が出てきます。また、原価や生産コストをあらゆる面から徹底的に削減できないか検討することも大切なことです。それから販売パワーを増大させるためのマーケティングの取り組みを強化する必要があります。

もちろん現在の企業の実力を見るために、財務分析で長所短所や課題などを把握しておくことも

【図表 22　経営革新】

<table>
<tr><td colspan="4">経営革新企業</td></tr>
<tr><td rowspan="3">事業戦略再構築
◆市場と商品の視点
◆経営資源の視点
外部環境と内部資源
強みと弱み
機会と脅威</td><td>原価・生産コスト削減</td><td>販売力向上</td><td rowspan="2">財務基盤強化</td></tr>
<tr><td colspan="2">業務改善、経営の効率化</td></tr>
<tr><td colspan="2">組織改革</td><td>財務分析</td></tr>
<tr><td colspan="4">経営理念・ビジョンの再構築</td></tr>
</table>

足元を固めるためにも重要なことです。そして財務分析を基に、財務基盤を強固なものにするための取組みに着手します。

そもそも企業は、各経営要素の集合体です。例えば、マーケティングに秀でており、販売力が突出していたとしても販売が非効率であり、コストがかかる体質であるなら、決して収益が高いはずはありません。一方、コスト削減を徹底して原価や生産コストの削減に成功しても、商品が売れなければ事業を維持運営できません。

また、各事業部門が独自に事業活動を進めていては、効率的経営とはいえないでしょう。事業全体を統括する主体的運営が要求されます。

事業は人なりともいわれます。社員全員がビジョンを共有し、目標を持って活き活きと働くことができるよう職場環境を充実させ、待遇面の向上を図っていくことも本当に大切なことです。

こうした総合的な経営体質の革新を進めていくことが、結果として財務の健全な数値として表れるわけです。

2　経営理念・ビジョンを再構築しよう

自社は何のために存在しどのような企業になっていきたいか

経営理念とは、企業の目的や目標、存在意義や普遍的価値観、経営姿勢などを表したものです。一言でいうと、自社は何のために存在し、どのような企業になっていきたいか、ということを、明文化したものといえます。

企業は異なる人生や価値観を持った人たちが集い、共同して組織の目標を達成するために行動するわけですから、経営理念により目的や目標を明確にし、組織に浸透させなければ、社員の判断や行動がバラバラになってしまいます。ましてや経営革新を全社一丸で進めていくためには、経営理念の徹底を図ることが大切になってきます。経営理念をクレドとして表したり、行動指針や行動基準でより具体的に示すことが望まれます。

また、ビジョンを再構築することも大切なことです。ビジョンは、自社が目指すべき具体的な姿を示すものです。また、社員がワクワクするような夢のある内容が、ビジュアルでわかりやすいものであれば、より推進力として働きます。ビジョンは達成したい事業ビジョン、組織ビジョン、それと数値ビジョンに分けることができます。これらを図表23、24に記入すると明確になります。

【図表 23　経営理念の確認】

経営理念の確認

1. 経営をする根本の思いを確認する

●お客様にどのような役立ちをしたいですか？

●社員にどのような役立ちをしたいですか？

●取引先にどのような役立ちをしたいですか？

●株主にどのような役立ちをしたいですか？

●会社はどのような存在になりたいですか？

●経営者としてどのようなものを得たいですか？

●社会にどのような役立ちをしたいですか？

2. 経営をする根本の思いを文章で表現する

経営理念

3. 社員に経営理念を実現してもらうための行動指針を文章で表現する

行動指針

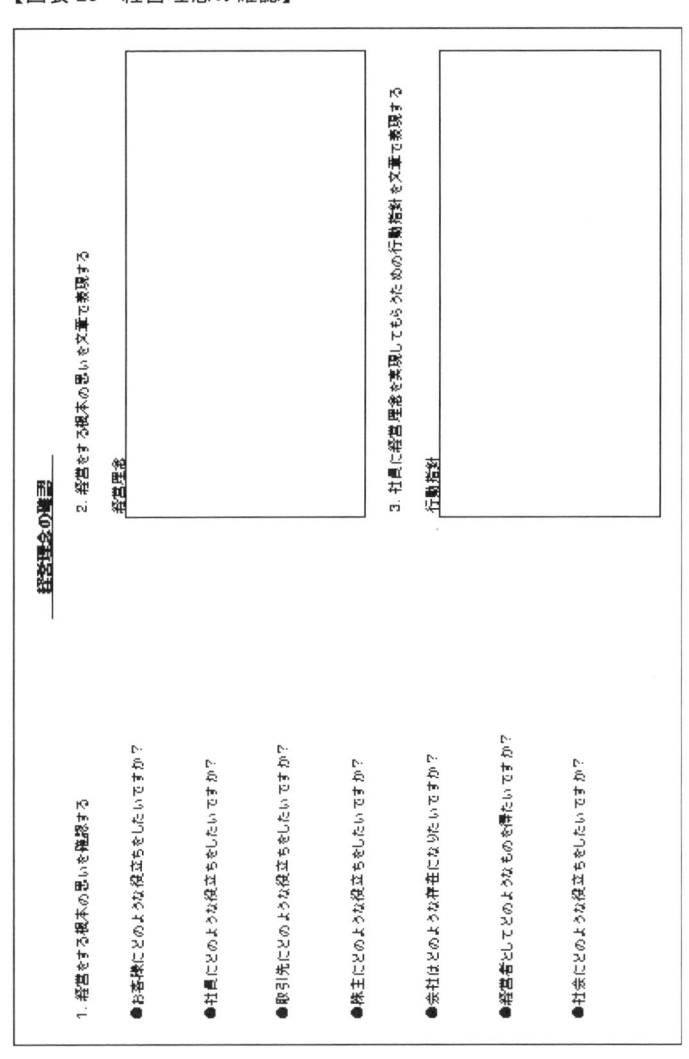

【図表 24　ビジョンの設定】

ビジョンの設定

検討項目	現状を記載する	1年後を記載する	3年後を記載する	5年後を記載する
1．財務面の目標				
①売上高				
②売上原価				
③販売費・一般管理費				
④営業利益				
⑤営業外損益				
⑥経常利益				
⑦従業員数				
⑧1人当たり売上高				
⑨借入金残高				
2．事業目標				
3．組織人事目標				
4．社会からの評価 ・顧客・同業者・金融機関など ・業界・地域でのポジション				
5．社員からの評価				

3　組織改革はこうやって進めよう

組織機能を見直すべきポイント

会社のビジョンや目標を達成するために、また新たな事業戦略を運用していくためには、組織としてどのように役割分担し、またモティベーションをいかに上げながら行動するかが求められます。

組織改革を進めるためには、３つの側面で取り組む必要があります。それは組織、人事、そしてモティベーションです。

まず組織についてですが、組織を機動的なものとするためには、組織編制、組織機能、要員計画を明確にすることが大切です。図表25において、まず現在の組織機能分担図を作成します。そして次に3年後にこうあるべきだという組織機能分担図を作成します。

そのためには、組織を次のように機能別に明確に捉えておく必要があります。

・販売機能…市場の調査開発、品揃え、顧客管理、販売促進管理、商品流通、営業組織管理
・製造機能…研究開発、設計、資材調達、生産管理、生産技術
・仕入在庫管理機能…商品企画、仕入管理、在庫管理
・管理機能…施策立案、組織人事、採用、教育訓練

・財務機能…資金調達、資金運用、財務管理

なお、経営機能を見直すべきポイントを、チェックリストとして図表26と図表27に記載していますので、自社の組織づくりの参考としてください。

経営革新を推し進めた結果の、5年後のあるべき組織図を明確に絵に描くことができれば、現在の組織の課題が見えてきます。そこで課題解決のための組織編成、要員計画づくりに着手します。

【図表25　想定機能分担図作成シート】

具体的には、5年後の組織図を基に、1年ずつ遡って各年度の要員計画を立てます。この場合、一人当たりの売上高や利益高が無理のないものとしますが、現状を上回っていく数字に設定します。ただし、労働分配率に注意しながら一人当たりの平均給与額が毎年上昇していくように留意する必要があります。

【図表 26　経営機能チェックリスト①】

経営機能チェックリスト－１（製造業、建築業、一部サービス業）

機能			現在の組織	チェック	3年後の組織
機能名		具体的内容			
販売機能	市場の調査開発	市場のニーズ分析、競合状況分析等を通じて市場動向を把握し、 自社が重点化すべき市場を明確にする機能			
	品揃え	商品、サービスの種類を顧客のニーズに合わせて適切に取りそろえる機能			
	顧客管理	顧客の様々な情報（販売実績、今後の購買動向、信用力）を体系的・ 継続的に収集し、販売活動に役立てる活動機能			
	販売促進企画	自社の商品を顧客に向けて効果的に販売するための戦略的な施策 （広告・宣伝、イベント企画など）を考える機能			
	商品流通	自社の商品を指定された納期通りに、品質を損なうことなく、しかも効率的に 顧客へ配送する機能			
	営業組織管理	販売ルートへの営業施策を展開する上で営業組織を常に最も効果的・ 効率的な状態に管理する機能			
製造機能	研究開発	新商品新技術、新サービスを獲得するための研究開発を推進する 実施機能（研究設備、過去の技術ノウハウの蓄積度、技術スタッフ等）			
	設計	研究開発されたテーマを実際の商品、サービスとして具現化する設計機能			
	資材調達	必要資材を調達する機能			
	生産管理	製品の品質、原価、納期を適正にコントロールする機能			
	生産技術	製品の製造方法、生産工程、製造技術を革新していく機能			
管理機能	施策立案	自社の施策を効率的・効果的に推進できる管理システム、管理方法を 策定する機能			
	組織・人事	組織運営を効果的、効率的に進める制度規定の立案運営を図ると共に、 人材の採用、配置等の一貫した人事施策を施行管理する機能			
	教育訓練	経営陣から一般社員にいたるまでの教育訓練を実施する機能			
財務機能	資金調達	資金を効率的に調達する機能			
	資金運用	資金を効率的に運用する機能			
	財務管理	施策、意思決定に関する財務データを必要に応じて迅速に提供する機能			

【図表 27　経営機能チェックリスト②】

経営機能チェックリオー2（卸売業、小売業、一部サービス業）

機能			現在の組織	チェック	3年後の組織
機能名		具体的内容			
販売機能	市場の調査開発	市場のニーズ分析、競合状況分析等を通じて市場動向を把握し、自社が重点化すべき市場を明確にする機能			
	品揃え	商品、サービスの種類を顧客のニーズに合わせて適切に取りそろえる機能			
	顧客管理	顧客の様々な情報(販売実績、今後の購買動向、信用力)を体系的・継続的に収集し、販売活動に役立てる活動機能			
	販売促進企画	自社の商品を顧客に向けて効果的に販売するための戦略的な施策(広告・宣伝、イベント企画など)を考える機能			
	商品流通	自社の商品を指定された納期通りに、品質を損なうことなく、しかも効率的に顧客へ配送する機能			
	販売組織管理	お客様に対して商品やサービスを最も効率的で効果的に提供する組織状態に管理する機能			
	店舗管理	店舗の内外装とレイアウトや照明の工夫を通じて、自社独自の店舗イメージつくりを図り、差別化を実現する店舗管理機能			
製造機能	商品企画	顧客ニーズを的確に把握した上で、これ方売れる商品を企画・提案し、新たな市場の創造と顧客の開拓を実現する機能			
	仕入管理	必要な品物を、必要なときに、必要な量だけ			
	在庫管理	顧客の要望にできる限り即応できる最小限の在庫を抱えると同時に、不良品の発生を防止し、売れ残り在庫の早期処分を行える機能			
管理機能	施策立案	自社の施策を効率的・効果的に推進できる管理システム、管理方法を策定する機能			
	組織・人事	組織運営を効果的、効率的に進める制度規定の立案運営を図ると共に、人材の採用、配置等の一貫した人事施策を執行管理する機能			
	教育訓練	経営陣から一般社員にいたるまでの教育訓練を実施する機能			
財務機能	資金調達	資金を効率的に調達する機能			
	資金運用	資金を効率的に運用する機能			
	財務管理	施策、意思決定に関する財務データを必要に応じて迅速に提供する機能			

人事制度

「企業は人なり」といわれます。特に限られた人材で勝負する中小企業は、社員の持てる能力をいかに発揮できるかが、組織としての持続的な成長につながります。

ましてや優秀な社員が入っても、すぐ辞めることになれば、会社にとって大きな損失になりかねません。

実は、中小企業にこそ、人事評価制度が必要なのです。

最も多い転職理由は「この会社にいても将来が見えない」「成長できる見込みがない」などといわれています。これは社員育成の仕組みがない、つまり人事評価制度が確立していないことによるものです。

人事評価制度は、評価制度、賃金制度、昇進昇格制度の3つの制度で構成されています。

ただ、人事制度が最初にありきでは、実際の運用に際して大きな混乱を招くことも多々あります。過去の評価がすべてとなってしまい、それに基づいた査定にとどまるからです。本来の評価制度は継続的に社員を育成成長させる仕組みであり、人材育成を通して経営目標を達成することを目的とすべきです。

また人事評価制度は会社の目指す目的・目標を達成するための事業戦略、ビジョンに結び付いた評価制度に結びつかなければなりません。

まず図表28にあげたシートに記入することからスタートします。

【図表28　人事制度ビジョン】

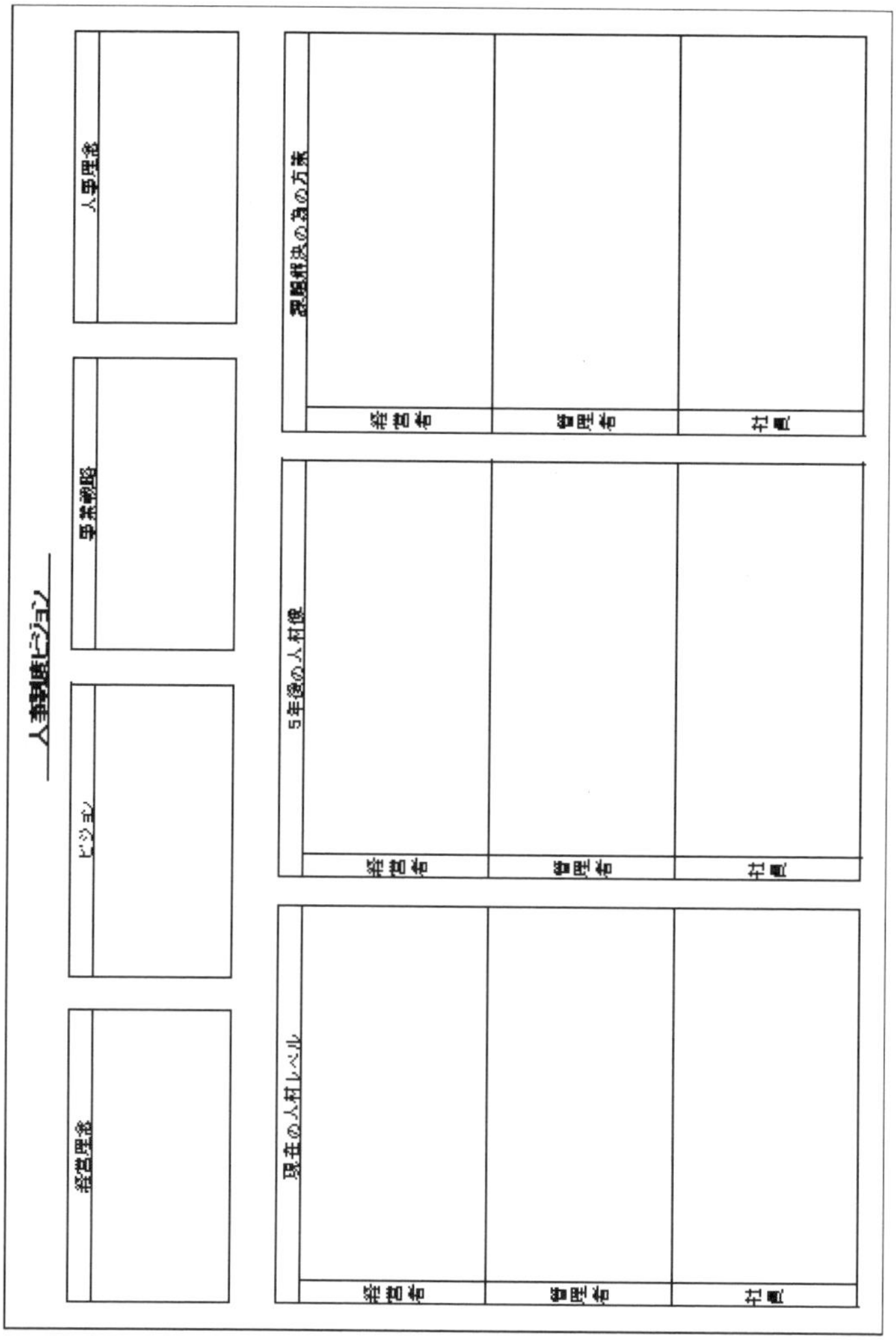

人事制度ビジョンのシートを作成した後は、図表29のステップで評価制度の導入を進めていくことになります。

まず、全社員に向けて人事ビジョンの発表会を開きます。会社の成長と社員の人材育成の観点から、人事評価制度の改革の目的と意義、目標を明確に伝えます。その後、社員にアンケートやヒアリング、面談を実施し、社員の生の声を聴くことを心掛けます。

次に、評価制度を構築します。職位別職能レベルの段階設定と評価基準を作成し、この評価制度を基に賃金制度と昇進昇格制度をつくります。

人事評価シートの一例は、図表30のとおりです。

その後全社員に向けて人事評価制度の説明会を実施します。いたずらに不安を招かないように、納得いくように心がけます。

次は、実際の運用段階に入りますので、評価者研修を実施した後、試行期間を設けてトライアル評価を行います。その結果を踏まえ運用スタートに入ります。

ところで、この人事評価制度は自社だけで作成するには限界があります。経験豊富な、ノウハウと実績のある経営コンサルタントの協力を得て作成することが望ましいでしょう。

なお、評価制度を基に、図表31で経営陣の、図表32、33で管理者および一般社員の育成プランシートを作成し、能力向上の実践を図るようにしてください。

【図表 29　人事評価制度導入ステップ】

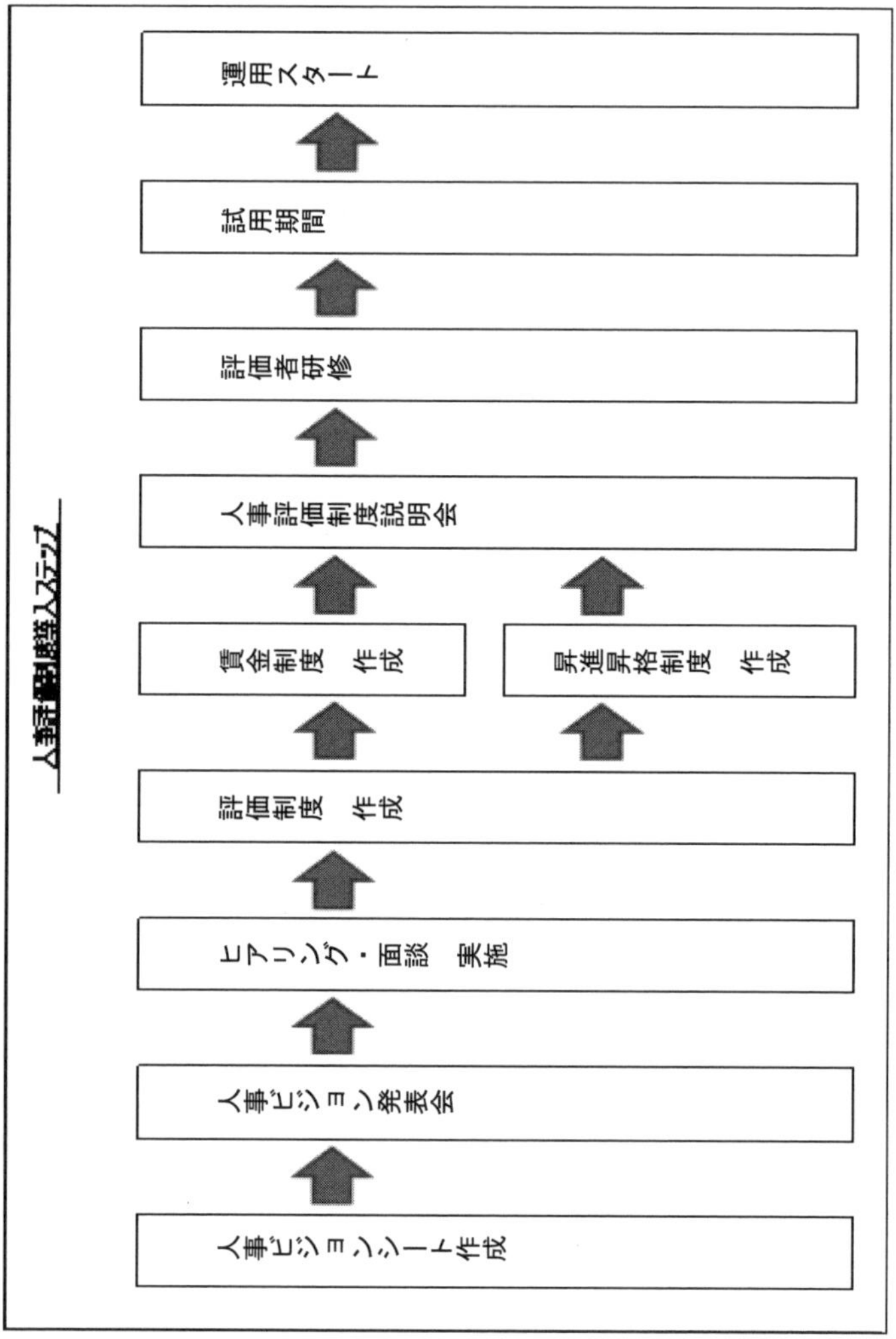

【図表 30 人事評価シート】

人事評価シート　部門長　評価対象者：　一次評価：　二次評価：　評価日：

	評価要素	定義	着眼点	ウェート	評価基準 1	評価基準 2	評価基準 3	評価基準 4	評価基準 5	本人評価 評点	本人評価 ポイント	上司評価 評点	上司評価 ポイント	評価理由
収益強化	部門売上達成度	担当する部門の売上目標などの計画達成ができたか。	部門売上の目標・達成度		75%未満	75%以上－85%未満	85%以上－95%未満	95%以上－100%未満	100%以上		0		0	
	部門の業務品質	担当する部門の業務品質管理は適正に行なわれたか。	部門品質・適正管理		部門業務品質は低い水準であった	部門業務品質は十分とは言えなかった	部門業務品質は標準レベルであった	部門業務品質は優れた水準であった	部門業務品質は極めて高かった		0		0	
	部門の[illegible]管理	担当する部門の[illegible]管理は適正に行なわれたか。	部門[illegible]・適正管理		部門[illegible]は低い水準であった	部門[illegible]は十分とは言えなかった	部門[illegible]は標準レベルであった	部門[illegible]は優れた水準であった	部門[illegible]は極めて高かった		0		0	
	部門間協業	他部門と情報共有を行い、相乗効果を生む協業ができたか。	情報共有・相乗効果		部門間協業の意識・行動は低い水準であった	部門間協業は十分とは言えなかった	部門間協業は標準レベルであった	部門間協業に積極的に取り組んでいた	部門間協業に極めて積極的で成果を創出できた		0		0	
業務遂行強化	部門計画の立案と推進管理	担当する部門の適正な計画を立案し、推進管理を行ったか。	部門計画・予算・行動・検証、推進管理、キャッチアップ		計画・管理力は低い水準であった	計画・管理力は十分とは言えなかった	計画・管理力は標準レベルであった	計画・管理力は優れた水準であった	計画・管理力は極めて高く会社と部門目標が推進できた		0		0	
	部門業務管理	部門の業務の品質・原価・納期管理は適切であったか。	部門の品質管理・原価管理・納期管理		部門業務管理は低い水準であった	部門業務管理力は十分とは言えなかった	部門業務管理力は標準レベルであった	部門業務管理力は優れた水準であった	部門業務管理力は極めて高く会社と部門目標が推進できた		0		0	
	人材育成	部門の人材の評価及び育成指導は適切で、人材の成長に寄与できたか。	適正評価・指導の的確さ・成長に寄与		人材育成力は低い水準であった	人材育成力は十分とは言えなかった	人材育成力は標準レベルであった	人材育成力は優れた水準であった	人材育成力は極めて高く部下の能力向上を推進できた		0		0	
	リーダーシップ	人心を掌握し、動機づけ、[illegible]・やりがいを喚起し目指すべき方向にリードできていたか。	人心掌握・動機付け・[illegible]・やりがい喚起・リード		リーダーシップは低い水準であった	リーダーシップは十分とは言えなかった	リーダーシップは標準レベルであった	リーダーシップは優れた水準であった	リーダーシップは極めて高く部下を的確にリードできた		0		0	
											0		0	
											0		0	
能力向上強化	[illegible]能力の開発	担当部門の[illegible]、会社[illegible]に寄与すべく、[illegible]能力を開発できていたか。	部門[illegible]、会社[illegible]寄与、[illegible]能力		能力開発の意識は低い水準であった	能力開発は十分とは言えなかった	能力開発は標準レベルであった	能力開発に積極的に取り組んでいた	能力開発に積極的で成長度合いが高かった		0		0	
											0		0	
											0		0	
			ウエート合計	0.0					ポイント合計		0		0	

【図表31　経営陣の能力向上プランシート】

経営陣の能力向上プランシート

現在の能力判定	強化すべき能力内容	3年後の運営水準	具体的改善活動項目	実施期間		
				期	期	期

【図表 32　管理者の育成プランシート】

管理者の育成プランシート

氏名	現在の能力判定	強化すべき能力内容	3年後の達成水準	具体的育成策	実施期間		
					年	年	年

【図表33　一般社員の育成プランシート】

一般社員の育成プランシート

氏名	現在の能力判定	強化すべき能力内容	3年後の達成水準	具体的育成策	実施期間		
					年	年	年

企業文化とモティベーション

どんなに立派な組織をつくっても、どんなに立派な人事評価制度をつくっても、その会社で働く人たちが活き活きと生きがい、働きがいを持って働くことができなければ、組織は活性化しません。組織全体が活力満ち溢れていれば、従業員が自ら考え、行動することにより、望ましい結果が生まれるものです。

そうした状態の会社が実現できたとしたら、どれだけ素晴らしいことでしょう。

経営革新を進めるうえで、そうした好ましい組織風土あるいは企業文化なるものが確立できるかどうかが、経営の根幹としてとても重要なものとして位置づけられます。

企業文化とは、企業という組織の構成員に共有された価値観であり、思考・行動の規範となっているものであり、組織の構成員の日常活動を通じて継承されていくものだからです。

好ましい企業文化の要素は次の５つの要素に整理できます。

①　同一の危機感を共有しているか
②　共通の価値観があるか
③　自信と信頼が満ち溢れているか
④　お互いが感謝の気持ちを持っているか
⑤　現状に満足することなく高い欲求水準を持っているか

この企業文化を測るうえで留意すべきチェックポイントは図表34です。

【図表34　企業文化チェックリスト】

企業文化チェックリスト

チェック項目		問題点の考察	チェック項目		問題点の考察
A．同一の価値観			C．自信と信頼		
① 仕事をするうえでは今の能力で十分だと考えがちであり、自己啓発をしようという意欲に欠けるようなことはないか			① 自分の仕事にプライドが持てず、そのため、遅刻や早退が多かったり、まじめに仕事に取組んでいないというようなことはないか		
② 朝礼や会議などで叱責されたことを自分のこととして考えないような雰囲気はないか			② 自社商品の品質に自信が持てないため、積極的に販売しようとせず、御用聞きセールスに終わっているというようなことはないか		
③ 就業時間中にはダラダラと仕事をしており、必要以上に残業時間を増やす傾向にあるということはないか			③ 個人の目標さえ達成すれば文句はないだろうという社員がおり、そのためチームワークにない組織になっているようなことはないか		
④ 与えられた仕事さえやっていればよいと考え、工夫改善やミス・ロスの防止等にあまり関心がないというようなことはないか			④ 中小企業だからといって自分の会社にプライドが持てず、そのため何をやるにしても消極的になっているというようなことはないか		
⑤ 世間話をしながら仕事をするという雰囲気はないか また、それを容認するという風潮はないか			D．感謝の気持ち		
			① 部下が上司の指導や助言を素直に受け取らず反発するというようなことはないか		
B．共通の価値観			② 自分の現在の仕事やポジションについての不平不満を言うものが多くないか		
① 顧客からのクレームをなおざりにする傾向があり、そのため全社的な問題として浮かび上がってこないというようなことはないか			③ お客様に対する挨拶や言葉遣いは丁寧で、しかも心がこもっているか		
② 経営方針や経営理念がなかったり、あるいは社員に十分に徹底されていないため、各部門や各人がそれぞれ思い通りばらばらにかつどうしているというようなことはないか			④ ある人が仕事に追われていても、他の人が素知らぬ振りをしているということはないか		
③ ミスを出来るだけ隠そうとするような風潮はないか			E．高い欲求水準		
④ 幹部社員の一般社員に対して指示する内容が統一されていないため、混乱を招いているということはないか			① 絶えず高い目標を一方的に与えられ、それを達成した経験がないため、目標に対する達成意欲がなくなってしまっているというようなことはないか		
⑤ 仕事に対する姿勢がまちまちであり、モーレツ社員とシラケ社員が反目しあうというような現象はないか			② 種種の具体的な提案をしても回答が返ってこないため、仕事に対する意欲をなくしてしまっているというようなことはないか		
			③ 社員が生きがいや働きがいを見出し得ていない集団になってはいないか		
			④ 新しい仕事やより責任の重いポジションに、尻込みするというようなことはないか		

ですから、一度自社の企業文化をサーベイしてみることをおすすめします。サーベイした結果を客観的に冷静に判断することで、自社の好ましい点、改善すべき点が浮かび上がります。そしてその結果を基に図表35で自社の企業文化の課題抽出シートを作成します。各々の要素につき対策を考

【図表35　自社の企業文化の課題抽出シート】

自社の企業文化の課題抽出シート

同一の危機感／共通の価値観／自信と信頼／感謝の気持ち／高い欲求水準

	問題点の抽出		要因	課題	対策
	チェック欄	問題点			
1					
2					
3					
4					
5					
6					
7					
8					
9					
10					
11					
12					

【図表36　企業文化改善のための対策】

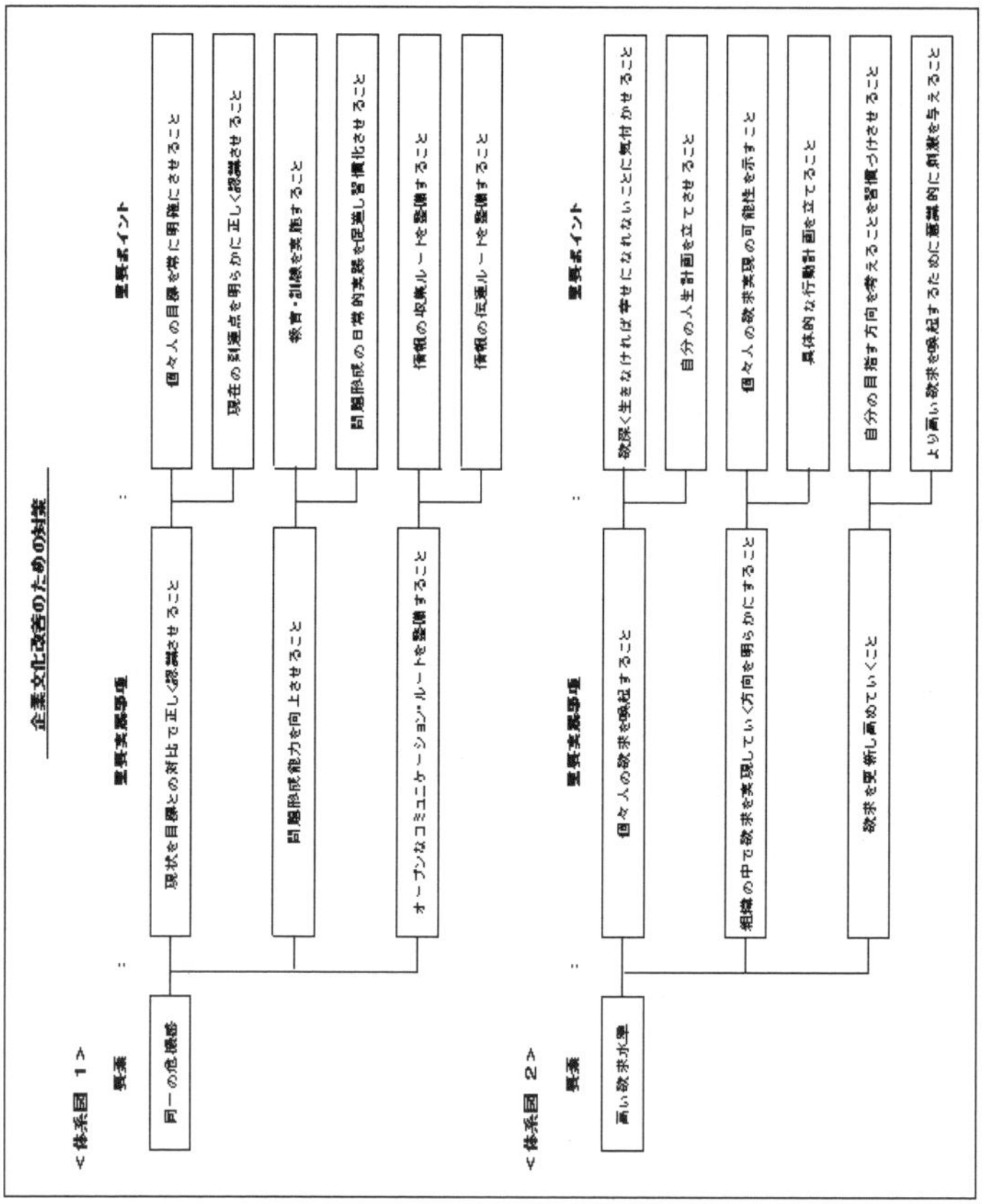
企業文化改善のための対策
＜体系図 1＞
要素
重要実践事項
重要ポイント
同一の危機感
現状を目標との対比で正しく認識させること
個々人の目標を常に明確にさせること
現在の到達点を明らかに正しく認識させること
問題形成能力を向上させること
教育・訓練を実施すること
問題形成の日常的実践を促進し習慣化させること
オープンなコミュニケーション・ルートを整備すること
情報の収集ルートを整備すること
情報の伝達ルートを整備すること
＜体系図 2＞
要素
重要実践事項
重要ポイント
高い欲求水準
個々人の欲求を喚起すること
欲深く生きなければ幸せになれないことに気付かせること
自分の人生計画を立てさせること
組織の中で欲求を実現していく方向を明らかにすること
個々人の欲求実現の可能性を示すこと
具体的な行動計画を立てること
欲求を更新し高めていくこと
自分の目指す方向を考えることを習慣づけさせること
より高い欲求を喚起するために意識的に刺激を与えること

えていくことになります。

　なお、企業文化改善のための対策の一部を体系化したものが、図表36ですので、実践する際の参考にしてください。

　組織の企業文化の問題点と要因が把握でき、課題解決のための対策を考えていくのと合わせて、従業員のモティベーションの向上対策を図ります。単にインセンティブの奨励などの小手先の手法に走るのではなく、従業員がいかに楽しく働きがいが持てるのか、やる気が持てるのか、というモティベーションの向上策が望まれます。図表37を参考に、自社に合った向上策を考えてみてください。

【図表37 モティベーション向上策】

モティベーション向上策

項目	内容	向上策	課題	実施施策と実施時期
組織	給与，待遇 職位，役職 登用	ヤングボード，・・・		
福利厚生	退職金等 保障 行事，イベント			
制度	キャンペーン 奨励制度，奨励手当 プロジェクト			

4　業績管理と経営の効率化を図ろう

各部門ごとに業績管理を徹底する

事業戦略を立て、その事業戦略に基づいて経営目標達成のための各種の経営活動が行われるわけですが、各種の活動が、それぞればらばらに行われていたとしたら、無駄の多い活動になりかねません。ＩＴ活用等により、時間と人件費や原価等のコストの削減と業務の効率化が行われ、業績管理が徹底されて経営全体の効率化が図られているかが、収益性を高めるカギとなります。

図表38にて業績管理を部門別に整理しました。自社の場合に当てはめてチェックしてみてください。ただ、各部門ごとに業績管理を徹底することはもちろん大切なことですが、各部門を総合して業績管理することが、経営統括部門の役割です。

なお、最近のＩＴの進展は目を見張るものがありますが、投資の負担が大きくなってきています。コストパフォーマンスを見極めながら、慎重な投資が望まれます。

特に大切なことは、各種の資料やデータより集計分析した情報を、全社員で共有できる体制にしておくことです。この意味においてはＩＴの活用が大きく役立つことになります。ペーパーレス化もその一環です。効率経営を実現するためには、必須といえるでしょう。

【図表 38　業績管理システム】

業績管理システム

項 目	内 容	課 題	解決策
経 理	・キャッシュレス経理 ・自計化 ・試算表　翌月初め完成		
売上管理	・得意先別売上集計 ・支店別･店舗別売上集計 ・商品別売上集計 ・営業マン別売上集計 ・営業マン別時間集計 ・売掛集計、不良債権		
仕入在庫管理	・適正発注、適正在庫 ・年代別在庫 ・仕入先構成と推移 ・外注先構成と推移		
生産管理	・稼働時間 ・原価計算 ・歩留り率、材料ロス率 ・進捗状況		
情報共有	・クレーム対応 ・共通情報 ・日報活用 ・品質管理		
財務管理	・部門別･店舗別･個人別採算 ・キャッシュフロー計算書 ・資金繰り予実表 ・損益予実管理 ・得意先別売上･回収･売掛残管理		

5　原価・経費コストを削減しよう

コスト削減を実行するにあたっての着眼点

企業の存続の源泉は利益です。利益は売上から原価と経費を差し引いたものです。売上を上げる努力は、顧客を見つけることと売価をいかに設定するかによるものですから、相手があって初めて成り立つものです。

ところが原価や経費は、購入するということでは相手があることには違いがありませんが、自社内での削減努力次第でコストを抑えることができれば、利益を生むことができます。仕入や生産コストの管理を徹底し、機能や品質を維持しつつ十分にコストダウンができているか、無駄がないか検討していくことが必要です。

また、原価に関することだけでなく、販売にかかる変動的な経費や、事業活動を維持する各種の固定的な経費を削減することができれば、さらに効率的な安定経営につながります。

コスト削減を実行するにあたっての着眼点は、図表39のとおりです。

図表39のコスト削減の着眼点を基に、図表40から図表43までの表を活用して、個別に見直しをしていきます。その結果、特にコスト削減が期待できる施策を図表44でまとめてみましょう。

【図表 39　コスト削減を実行するにあたっての着眼点】

①　仕入・原材料費の削減	・納入単価の引下げ交渉 ・仕入先の見直し ・低価格品への切替え ・不良率の改善 ・歩留り率の改善
②　外注費の削減	・発注単価の削減 ・外注先の見直し ・内作への取込
③　人件費の削減・適正人員	・能力・業績に応じた給与制度導入 ・不要業務廃止 ・繁閑期に合わせた人員配置
④　経費削減	・科目別支払先別見直し ・科目別予算制度 ・ゼロベース ・家賃等値下げ交渉

もともと経費たるものは、そのまま何も手を付けないでおくと、どんどんと膨らむものです。支払先はコストアップなどの理由をつけて値上げに踏み込んできます。余談になりますが、倒産企業の経営者を見て共通することは、コスト削減に弱気になることです。

定期的に請求書を過去分と照らし合わせ、比較して、コストアップになっていないか、コストを削減できないか検討することをお奨めします。場合によっては、二重払いも出てくることもありますので要注意です。

また、プロジェクトを組んで原価や経費コストを削減することも有効です。この場合、削減目標を決めて、目標を上回ったなら、還元するなども、社員の達成意欲を喚起することにつながります。いずれにしても原価や経費の削減は、地道な積み重ねの努力が必要です。

【図表 40　仕入・原材料費削減の検討】

仕入・原材料費削減の検討

仕入先／内訳	[　　　]年度実績														削減策	削減後金額	
	1月	2月	3月	4月	5月	6月	7月	8月	9月	10月	11月	12月	年間計	月平均		年間計	月平均
田中商店																	
鋼材																	
	仕入内容	□ロット □品質 □その他				□単価 □歩留まり				□納期 □代替品有無							
銅材																	
	仕入内容	□ロット □品質 □その他				□単価 □歩留まり				□納期 □代替品有無							
	仕入内容	□ロット □品質 □その他				□単価 □歩留まり				□納期 □代替品有無							
山田商会																	
モーター																	
	仕入内容	□ロット □品質 □その他				□単価 □歩留まり				□納期 □代替品有無							
消耗品																	
	仕入内容	□ロット □品質 □その他				□単価 □歩留まり				□納期 □代替品有無							
	仕入内容	□ロット □品質 □その他				□単価 □歩留まり				□納期 □代替品有無							

【図表 41　外注費削減の検討】

外注費削減の検討

外注先／内訳	[　　　]年度実績														削減策	削減後金額	
	1月	2月	3月	4月	5月	6月	7月	8月	9月	10月	11月	12月	年間計	月平均		年間計	月平均
佐藤工業																	
筐体																	
	外注内容　□ロット　□内製：可・不可　□その他　□単価　□投資による内製化：可・不可　□納期　□品質																
塗装																	
	外注内容　□ロット　□内製：可・不可　□その他　□単価　□投資による内製化：可・不可　□納期　□品質																
	外注内容　□ロット　□内製：可・不可　□その他　□単価　□投資による内製化：可・不可　□納期　□品質																
	外注内容　□ロット　□内製：可・不可　□その他　□単価　□投資による内製化：可・不可　□納期　□品質																
	外注内容　□ロット　□内製：可・不可　□その他　□単価　□投資による内製化：可・不可　□納期　□品質																
	外注内容　□ロット　□内製：可・不可　□その他　□単価　□投資による内製化：可・不可　□納期　□品質																

【図表 42　その他変動費削減の検討】

その他変動費削減の検討

科目／内訳	[　　　　　　]年度実績														削減策	削減後金額	
	1月	2月	3月	4月	5月	6月	7月	8月	9月	10月	11月	12月	年間計	月平均		年間計	月平均
荷造運賃																	
鈴木運送																	
	発注内容																
田村運輸																	
	発注内容																
	発注内容																
	発注内容																
	発注内容																
	発注内容																

【図表 43　固定費削減の検討】

固定費削減の検討

科目／内訳	[　　　　]年度実績														削減策	削減後金額	
	1月	2月	3月	4月	5月	6月	7月	8月	9月	10月	11月	12月	年間計	月平均		年間計	月平均
給与手当																	
正社員A																	
正社員B																	
正社員C																	
広告宣伝費																	
媒体A																	
媒体B																	
イベントC																	
HP																	
・・・																	
通信費																	
固定電話																	
携帯電話																	
切手代																	
・・・																	
・・・																	

【図表 44　コストダウン施策検討シート】

コストダウン施策検討シート

勘定科目	検討する明細	コストダウン施策	業績目標・期待成果

6　マーケティング力を向上させよう

すべての利益の源泉は、売上があって初めて成り立つものです。どんなに経費を削減しても売上がゼロでは企業は存続できません。

また、企業は、売上高が伸びてこそ成長していると実感できるものです。経営革新で新たな事業戦略を構築するのも、売上高を増大させることに主眼が置かれています。どのような施策で顧客を創造していくか、誰に何をどのようにして販売するかを明確にすることが必要です。構築した事業戦略を基に、ここでマーケティング戦略を考察していきましょう。

マーケティング戦略の考察ポイント

マーケティング戦略の考察ポイントを、商品政策、顧客ターゲット、販路政策、販促政策、業績目標と期待成果に分けて図表45のシートで考えていきます。

・商品政策…………どのような特徴や効果効用があるのか　付随サービスの特徴は何か
・顧客ターゲット……主要な顧客は誰か　今後顧客（購買層）になる可能性のあるのは誰か
・販路政策…………どのような販路や情報収集拠点で販売や見込み客を発掘するか　今後可能性のある販路はないか

・販促政策…………効果的に販売する方法は

　　　　　　　　ＡＭＴＵＬで考える（Ａ：認知　Ｍ：記憶　Ｔ：試用　Ｕ：使用　Ｌ：愛用）

・業績目標・期待成果…考えたマーケティング戦略でどのような業績が期待できるか

マーケティング戦略を基に、次は売上高を商品と市場に分けて構成を考えていきます。図表46の商品市場マトリクスで、現在の構成と、5年後の目標構成を数値で表します。具体的な商品戦略イメージが湧いてくるはずです。

続いて、顧客別に売上拡大の検討に入ります。売上高は、顧客数アップと購入単価アップと、もう1つ購買率・購買回数のアップを掛けたものです。図表47で顧客別に過年度の実績を把握し、3つのアップ対策を検討します。施策がだんだん具体的になります。

さらに、売上拡大策を詳細に検討していくためには、図表48、49の収益性ロジックツリーを活用することをおすすめします。なお、このロジックツリーは収益性改善を売上拡大だけで把えるのではなく、原価削減、販管費低減など、総合的に見ていくことが特長です。

なお、マーケティング戦略を考えるうえで大切なことは、自社のＵＳｐです。ＵＳＰとは、ユニーク・セールス・プロポジションの略で、要は自社の独自のウリのことです。これは自社の競合相手を差別化する、きわめて不可欠な要素です。例えば、競合相手に比べて、多くのラインアップを揃えているとか、価格が安いとか、品質が良いとか、サービスが充実しているとか、高級品でブランディングされているとかが一例です。ＵＳＰをじっくりと考えるようにしてください。

【図表 45 マーケティング戦略考察シート】

マーケティング戦略考察シート

商品政策	ターゲット	販路政策	販促政策	業績目標・期待成果
どのような特徴や効果効用があるのか？ 付随サービスの特徴も記載	主要な顧客(購買層)は誰か？ 今後顧客(購買層)になる可能性があるのは誰か？	どのような販路や情報収集拠点で販売や見込客発掘をしているか？ 今後可能性のある販路はないか？	効果的に販売をする方法は？ AIMTULで考える	考えたマーケティング戦略でどのような業績が期待できるか？

【図表46　商品市場マトリクス】

商品市場マトリクス

現在の商品市場マトリクス

顧客／商品					計
計					

5年後の商品市場マトリクス

顧客／商品					計
計					

コメント

【図表 47　売上拡大の検討（対消費者向け：小売等）】

売上拡大の検討（対消費者向け販売：小売等）

売上／要素	[　　　]年度実績													
	1月	2月	3月	4月	5月	6月	7月	8月	9月	10月	11月	12月	年間計	月平均
売上高														
顧客数														
	状況／問題点													
購買率														
	状況／問題点													
客単価														
	状況／問題点													

売上／要素	[　　　]年度　期待成果													
	1月	2月	3月	4月	5月	6月	7月	8月	9月	10月	11月	12月	年間計	月平均
売上高														
顧客数														
購買率														
客単価														

対策
顧客数アップ
購買率アップ
客単価アップ

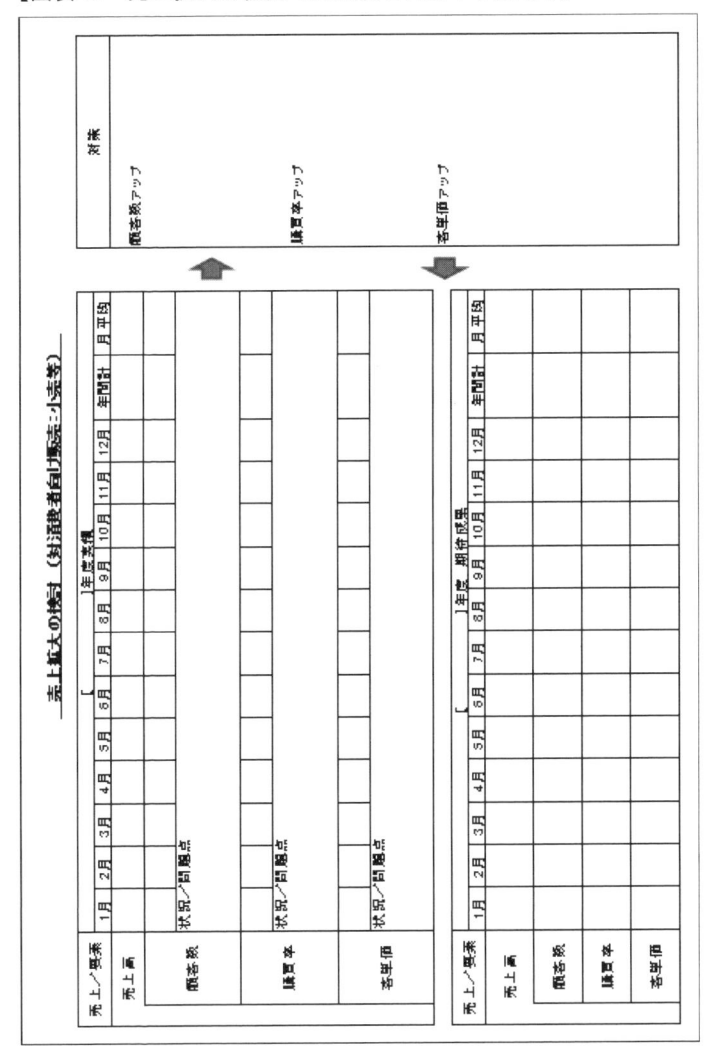

【図表48　小売店の収益性ロジックツリー（例）】

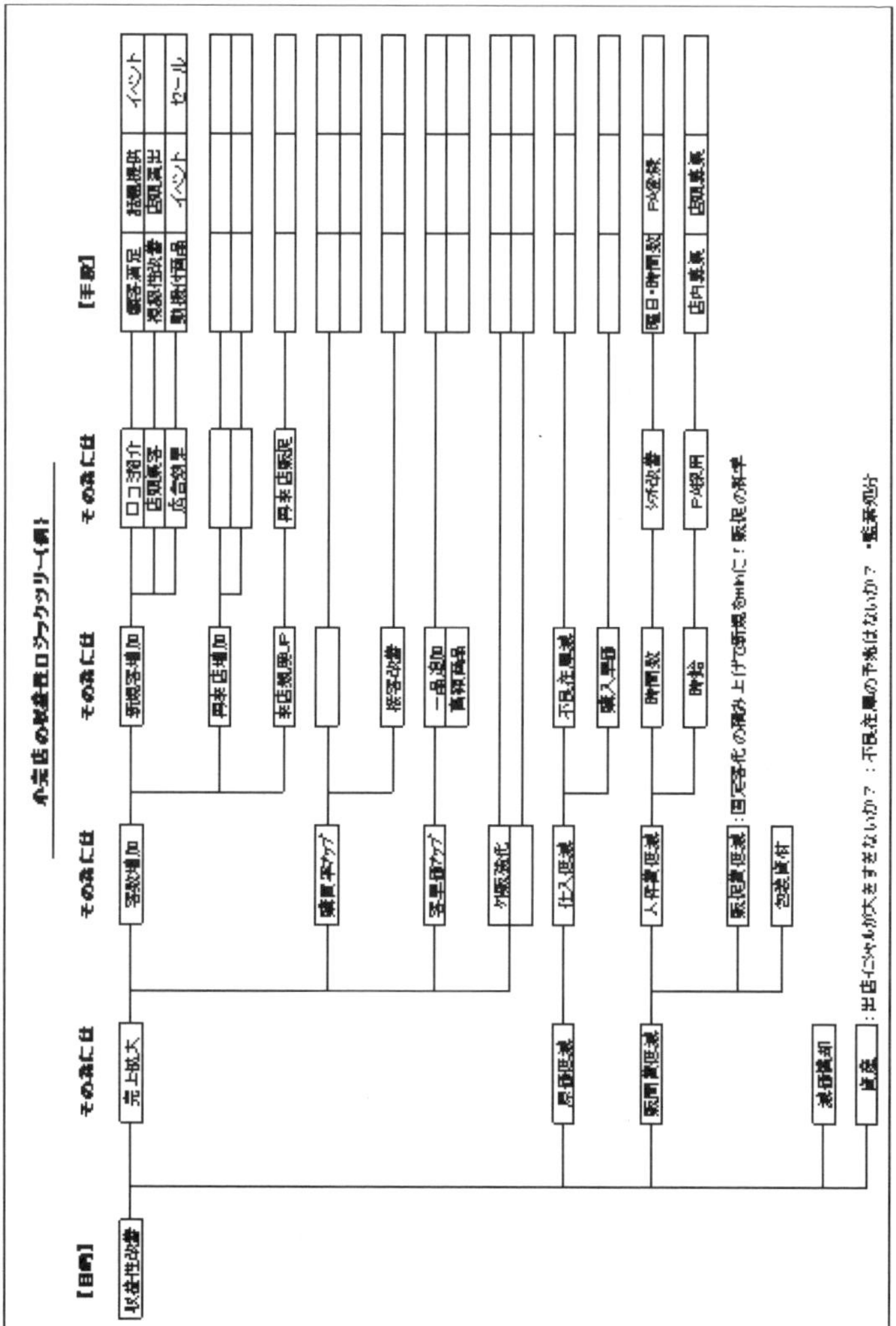

【図表 49　製造業の収益性ロジックツリー（例）】

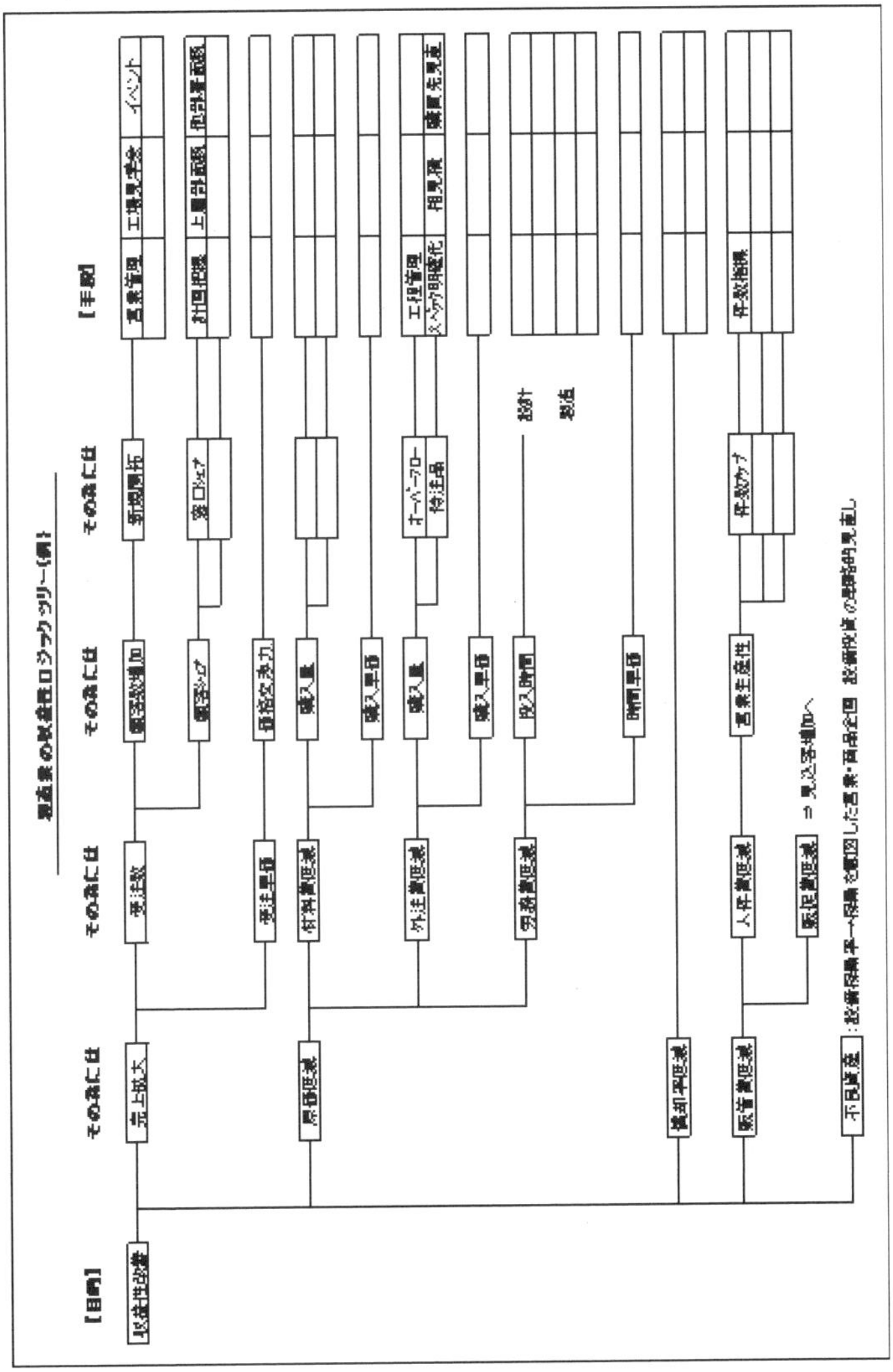

7　財務体質を強化しよう

財務分析で自社の経営体質を知る

決算書に表された財務データは、自社が今まで経営努力をしてきた結果を数値で表しているものです。この数値をさまざまな観点から分析することにより、自社の経営体質を判断することができます。いわば会社の健康診断をするようなものです。

自社の健康診断をした結果、優秀であること、標準であること、問題があること、およびどうしてそうなったのかを見ることができるのです。これが財務分析です。

財務分析は、実数を用いて行う時系列分析と、財務データを構成比率などに基づいて行う比率分析に分けられます。

時系列分析

まず、過去3年から5年の決算書を時系列で比較します。

具体的には、損益計算書、貸借対照表、キャッシュフロー計算書の3つです（図表50、51、52参照）。

なお、損益計算書は変動損益計算書に組み替えると、よりわかりやすく捉えることができます。

変動損益計算書は、すべての費用を売上に伴って増減するか否かによって変動費と固定費に分けて表示したものです。

ⅰ　変動損益計算書で読み解くこと

・売上高、変動費、限界利益、固定費の構成比と傾向把握
・利益率（限界利益率）増減の原因解明
・収益力の有無
・借入金返済能力の有無

ⅱ　貸借対照表で読み解くこと

・流動資産、固定資産、負債の構成比とバランスの良否
・運転資金の増減
・無駄な投資、資産の有無
・財務基盤の安定度

ⅲ　キャッシュフロー計算書から読み解くこと

・現預金の資金の流れ
・キャッシュを生み出す能力
・支払能力の有無
・財務構造の変化

【図表50　変動損益計算書連年比較】

変動損益計算書連年比較

			前々期		前期			当期			
				構成比		構成比	前期対比		構成比	前期対比	
売上高											
変動費	仕入高										
	外注費										
	その他										
	計										
限界利益											
固定費	人件費	役員報酬									
		労務費									
		給料									
		法定福利費									
		計									
	家賃・賃借料										
	減価償却費										
	租税公課										
	販売費										
	その他										
	計										
営業利益											
営業外収益											
営業外費用											
経常利益											
特別損益											
税引前利益											
税額等											
税引後利益											

【図表 51　貸借対照表連年比較】

貸借対照表連年比較

			前々期		前　期			当　期			
				構成比		構成比	前期対比		構成比	前期対比	
資産	流動資産	現預金									
		売上債権									
		棚卸資産									
		その他									
		計									
	固定資産	土地									
		建物									
		機械等									
		その他									
		計									
	投資等	投資									
		積立金									
		その他									
	繰延資産										
	計			100		100			100		
負債	流動負債	買入債務									
		短期借入金									
		その他									
		計									
	固定負債	長期借入金									
		その他									
		計									
資本	資本金										
	剰余金										

【図表 52　キャッシュフロー計算書連年比較】

キャッシュフロー計算書連年比較

		前々期		前期			当期			
			構成比		構成比	前期対比		構成比	前期対比	
営業C/F	経常利益 減価償却費 売上債権増減 棚卸資産増減 その他資産増減 買入債務増減 その他債務増減									
	計		100		100			100		
投資C/F	固定資産増減 減価償却費									
	計									
フリーキャッシュフロー										
財務C/F	借入金増減 その他									
	計									
キャッシュ増加										
期首キャッシュ残										
期末キャッシュ残										

【図表53　５つのバランスで自社の問題点を見る】

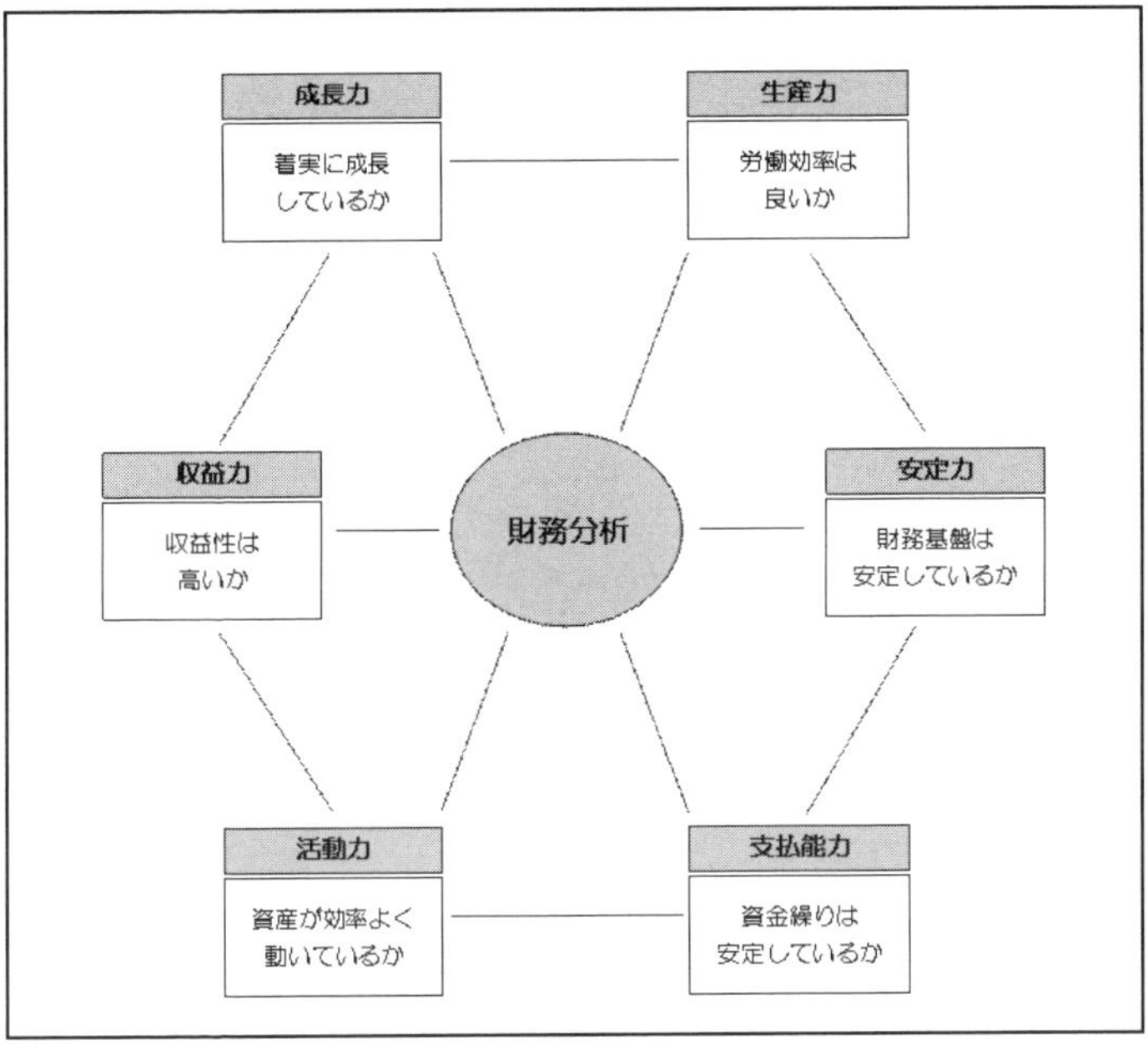

比率分析

財務分析の中でも、比率分析は会社の詳細な健康診断に当てはまります。財務分析は、成長力、生産力、安定力、支払能力、活動力、収益力の6つの指標の数値と、バランスで会社の問題点を見ていきます（図表53）。

・成長力……着実に成長しているか
・生産力……労働効率はいいか
・安定力……財務基盤は安定しているか
・支払能力……資金繰りは安定しているか
・活動力……資産が効率よく働いているか

・収益力……収益性は高いか

会社の経営成績を見るうえで、特に注意したいポイントは次のとおりです。

①総合的な収益性を見る総資本経常利益率は５％を目安とする
②稼ぐ力を見る売上高経常利益率は５％以上を確保する
③資金の有効活用を見る総資本回転率は２回転以上は欲しい
④長期安定性を見る固定長期適合率は１２０％以上が望ましい
⑤財務体質の健全性を示す自己資本率は40％以上を確保する
⑥資金繰りの安定性を高めるためには流動比率と当座比率を高めることが必須
⑦質的な成長を見るなら、１人当たり売上総利益の伸びを見る
⑧適正人件費を確保するには、労働分配率の伸びに注意する

各指標の構成は、図表54のとおりですが、この財務分析値を3期比較（図表55参照）し、その傾向を見ることと、同業他社標準値と比較することで当社の問題点が明らかになります。

なお、数字の羅列だけでは自社の財務の傾向は理解できても、ポイントがつかみづらいものです。

そこで、財務分析した各数値を、レーダーチャートにプロットして行くことをおすすめします。業界平均を円グラフになるようにし、各分析数値をプロットすることで、自社の長所と短所が一目瞭然となります。プロットした点をつなげたときに、円に近いほどバランスが良いことになります。普通はかなり歪《いびつ》になりますので、そこが自社の克服すべき課題であることがわかります。

【図表 54 財務分析指標】

財務分析指標

成長力	売上高増加率	売上高の増加は原則として企業の成長性を表しています。とりわけ、原価率が低い飲食業・サービス業にあっては、売上高増加が即売上総利益増加に直結することから重要な指標となります。	[当期売上高]／[前期売上高]-1×100
	自己資本比率増加率	自己資本比率とは、総資本のうちに占める自己資本(資本の部)をいい、企業の財務基盤と不況抵抗力の強さを示す指標で、現在の企業経営にとって最も最重要視されている経営指標です。自己資本比率の増加は、総資産の圧縮か増資か税引後利益の蓄積以外にはありません。不況下にびくともせず着実に生き抜くことができるのは、自前の資本が潤沢な企業だけなのです。	[当期自己資本比率]- [前期自己資本比率]
収益力	総資本経常利益率	会社が経営活動にどれくらいの経営資源を投入し、どれだけの利益を上げているか、会社の収益力の優劣を表す数字です。総資本の額が小さいか、経常利益が多ければ、比率は大きくなります。この比率が高いほど、会社の収益力も高いということになります。	[経常利益]／[負債・資本計]×100
	売上高経常利益率	会社の営業活動の成績を表します。具体的には、売上高に占める経常利益の割合を示します。高ければ高いほど、掛け値なしで成績がよいということになります。	[経常利益]／[売上高]×100
活動力	総資本回転数	会社の総資本の運用効率を示します。高いほど効率が良いことになります。	[売上高]／[負債・資本計]
	売上債権回収期間	期間が短いほど売掛金等の回収が早いことになります。	12(ヶ月)／[売上高]／[受取債権]
支払能力	当座比率	短期的負債と、それをすぐ返却することが可能な原資である当座資産との関係を表します。この比率が大きいほど、返済能力が高くなります。理想値は100%です。	([現金・預金]+ [受取債権])／流動負債×100
	流動比率	短期(1年以内)の負債と、それを返済するのに必要な財源をみる比率です。期末における流動負債が少ないか、流動資産が多ければ、比率は大きくなります。この比率が大きいほど返済能力があり、経営が安全であることを示します。いわば、企業の信用度を示すものです。理想値は200%ですが、現実には130%あればいいでしょう。	[流動資産]／[流動負債]×100
安定力	固定長期適合率	長期資本(自己資本と長期借入金の合計)が、どの程度固定資産に投下されているのかを表します。長期資本の固定化の程度を示す比率です。150%以下なら健全です。	{([自己資本]+ [固定負債])／[固定資産]}×100
	自己資本比率	経営資源のトータルである総資本に占める自己調達分(返済する必要のない資本)の割合を示します。この比率は高いほど健全です。	[自己資本]／[総資本]×100
生産力	労働分配率	限界利益(付加価値)に対する人件費の割合を示します。賃金と生産能率の関係を検討する場合に参考になります。	([人件費]+ [労務費])／限界利益×100
	1人当り売上総利益	1人当りの売上総利益から従業員の創造力としての付加価値がわかります。会社経営とはつまるところ従業員の創造力を活性化する場ですから、この1人当りの売上総利益の持つ意味は非常に重要といえます。	[売上総利益]／[社員数]

【図表55　財務比率連年比較】

財務比率連年比較

		前々期	前　期	当　期	業界標準	問題点
成長力	売上高増加率					
	自己資本比率増加率					
収益力	総資本経常利益率					
	売上高経常利益率					
活動力	総資本回転数					
	売上債権回収期間					
支払能力	当座比率					
	流動比率					
安定力	固定長期適合率					
	自己資本比率					
生産力	労働分配率					
	1人当り売上総利益					

今まで述べてきたことは、かなり本格的に財務分析をすることになりますが、ここで簡単な財務診断システムを紹介しておきます。それは、中小企業庁がホームページで公開している「経営自己診断システム」なるものです。

要約した貸借対照表と損益計算書の数値を入力しただけで、各種の診断結果が出力されます。特に興味を引き立てるのが、資金繰り診断結果です。デフォルト企業と業界標準の財務指標と比較して自社の数値がグラフで出てきます。参考にしてみてください。

損益分岐点分析

損益分岐点とは、利益がゼロになる時点のことをいい、このときの売上高を損益分岐点売上高といいます。つまり売上高から変動費を控除した限界利益額が、固定費と同じ額になるときの売上高ということです。損益分岐点売上高は、次の算式で計算することができます。

損益分岐点売上高＝固定費÷限界利益率（限界利益÷売上高）

当社の固定費が年間５千万円、限界利益率が20％であったとしたときの損益分岐点売上高は、５千万円÷20％＝２億５千万円となります。当期の売上高が２億８千万円だったとすると、経営余裕率は次のとおりとなります。

経営余裕率＝（当期売上高－損益分岐点売上高）÷損益分岐点売上高×１００

当社の経営余裕率＝（２億８千万円－２億５千万円）÷２億８千万円×１００＝10・７％

当社の経営余裕率は12％ですので、売上高が10・７％減少すると、損益トントンになるということになります。

この計算式を活用して目標利益を確保するために必要な売上高は、次の算式で計算することがで

【図表56　損益分岐点計画】

損益分岐点計画

	計算式	当期	来期	2年後	3年後	4年後	5年後
売上高	A						
変動費	B						
限界利益	C ＝ A － B						
限界利益率	D ＝ C ／ A						
固定費	E						
利益	A － B － E						
損益分岐点売上高	F ＝ E ／ D						
経営余裕率	A ／ F － 1						

きます。

目標利益達成売上高＝（固定費＋目標利益）÷限界利益率

当期2千万円の利益を確保したいという場合の必要売上高は次のようになります。

（5千万円＋2千万円）÷20％＝3億5千万円

自社の経営余裕率を常に把握しておくことと、目標利益を達成するための必要売上高をしっかりと経営計画に打ち出しておくことが大切です。

図表56の損益分岐点計画表で、まず当期の損益分岐点売上高を計算してみてください。

その後、来期以降の5年間の計画を立てるわけですが、変動費率、固定費、目標利益を各々増減することにより、損益分岐点売上高が変わってきます。

シミュレーションを繰り返しながら、自社の目標売上高を決定することになります。

財務体質の強化を図る

今まで各種の財務分析を行ってきたことにより、自社の課題や問題点がだんだん明確になってきました。

個々に改善策を講じていくことは当然なことですが、経営革新を進めていくためには、財務体質を抜本的に強化していかなければなりません。

財務体質を強化するための基本は、利益を増やすことと資金繰りを良くするためのキャッシュフロー原資を生み出す２つの基本をしっかりと押さえていくことです。そのためには全社挙げての地道な経営努力が必要になります。

この２つの視点を系統的に掘り下げた対策は図表57のとおりです。

自社にとって実行できることを見極め、優先順位をつけて果敢に実行してみてください。

実行した結果を毎期財務分析することにより、財務体質が強化されてきていることを確認してください。

最後に、今まで財務体質強化のために検討してきたことを、図表58で作成してください。

この表は、特にキャッシュフロー改善の観点からまとめたものですが、利益増加対策も織り込んで記入することで、一覧で理解することができます。

なお、実務ではよくあることですが、利益が出ているのにキャッシュが足りないということが往々にしてあります。これには必ず原因がありますので、究明するようにしてください。

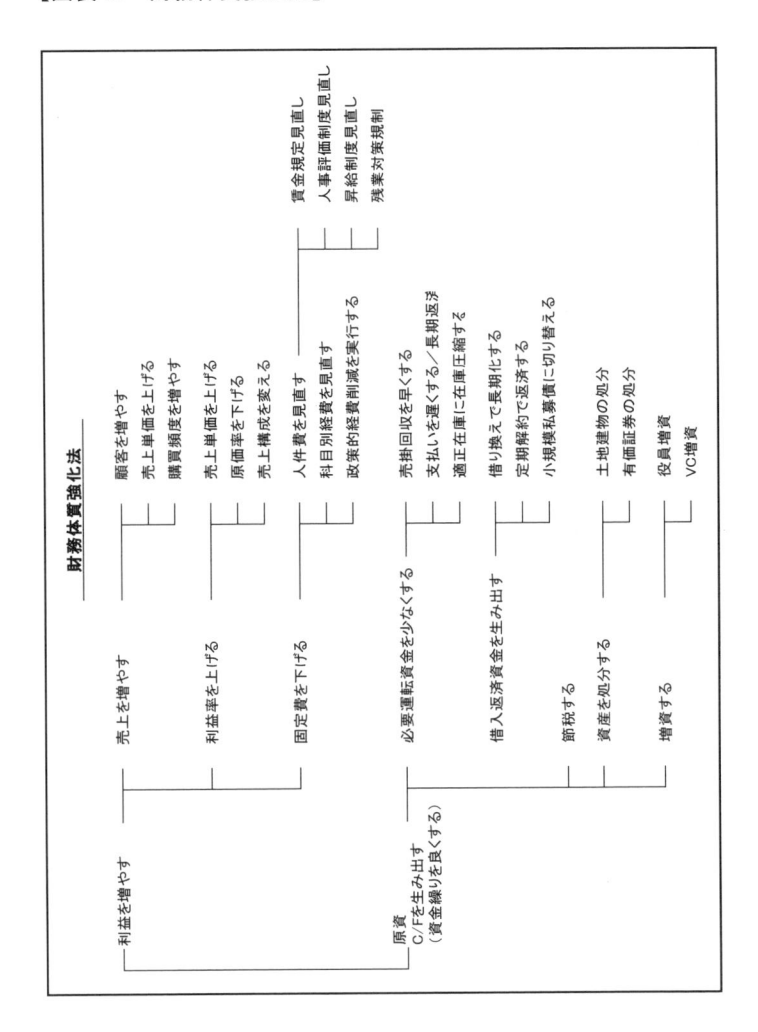

【図表 57　財務体質強化法】

財務体質強化法

- 利益を増やす
  - 売上を増やす
    - 顧客を増やす
    - 売上単価を上げる
    - 購買頻度を増やす
  - 利益率を上げる
    - 売上単価を上げる
    - 原価率を下げる
    - 売上構成を変える
  - 固定費を下げる
    - 人件費を見直す
      - 賃金規定見直し
      - 人事評価制度見直し
      - 昇給制度見直し
      - 残業対策規制
    - 科目別経費を見直す
    - 政策的経費削減を実行する
- 原資
C/Fを生み出す
（資金繰りを良くする）
  - 必要運転資金を少なくする
    - 売掛回収を早くする
    - 支払いを遅くする／長期返済
    - 適正在庫に在庫圧縮する
  - 借入返済資金を生み出す
    - 借り換えで長期化する
    - 定期解約で返済する
    - 小規模私募債に切り替える
  - 節税する
  - 資産を処分する
    - 土地建物の処分
    - 有価証券の処分
  - 増資する
    - 役員増資
    - VC増資

【図表 58　財務体質強化の方向性】

財務体質強化の方向性

		科目名/数値	問題点
営業CF	売上高		
	変動費		
	固定費		
	運転資金		
投資CF			
財務CF			

財務改善の優先度	

ところで、財務体質を強化し、盤石な財務基盤を確立することは、一朝一夕に出来上がるものではありません。基本は毎年の利益の積み重ねです。そして以上に述べた方策を地道に遂行していくことで強固な財務基盤が確立していくものです。最終的な目標は無借金経営です。実は上場企業は半数以上が、実質無借金経営なのです。大規模な設備投資のためには借入れを有効に活用することは避けられませんが、運転資金は自社の自己金融で賄いたいものです。そうなれば金融機関とも良好な関係を保つことができるようになります。

　経営革新を進めるということは、公的機関の補助金や助成金を受けやすくなることにつながります。国や各県や市においてもさまざまな補助金、助成金があります。ホームページに最新情報がアップされています。最近では、経済産業省の補助金は特に充実してきています。厚生労働省の人材採用や就業環境の改善の助成金も多々あります。これらの補助金や助成金はいくつかの条件がありますが、返済不要の資金として、資金繰りに余裕を生み出してくれるものです。

活用しない手はありません。助成を受けることにより、新しい事業分野に挑戦する上での資金面の垣根が低くなるわけですから、自社が活用できるものを貪欲に探し出してください。

その他に中小企業投資育成会社の利用があります。中小企業投資育成会社とは、中小企業の自己資本の充実を支援する、地方公共機関が主な株主となっている公的政策機関です。事業に成長発展する見込みがあり、経営基盤の強化の努力を行っていると認められた場合に、増資による資金の補填が受けられることになります。十分活用すべき制度です。

第4章

いざ、経営計画を立て経営革新を実行に移すステップはこうだ！

1　戦略的中期経営計画を立てよう

成功要因を獲得するのに3年から5年はかかる

経営環境の変化が激しい現在において、企業が存続発展していくためには、いかなる経営環境の変化にも適応できる企業体質をつくることが求められています。ましてや経営革新を進めるためには戦略的な計画を立て遂行していく必要があります。それが戦略的中期経営計画です。

しかしながら多くの中小企業では、その大変重要な中期経営計画をつくっていないのが現実です。規模が小さいからとか、先のことなどわからないからつくっても意味がないとか、必要とは感じていても忙しくてつくる時間がない、などです。

しかし、どんな企業にも中期経営計画は必要です。なぜなら、企業が戦略的に経営革新を進めていくには、単年度の経営計画だけでは不十分だからです。つまり、成功要因を獲得するのに3年から5年はかかるからです。人材育成、新商品開発、生産体制、品質保証体制、営業開拓など、どれをとっても単年度では解決できるものではありません。

また当然ながら、この中期経営計画は明文化され、従業員に対してはっきりと示されなければなりません。経営者の頭の中にあっても従業員に示されていなければ、経営者と従業員の認識が一致せず、思考と行動の不一致から十分に効果を発揮することができないからです。中期経営計画は戦略を明文化する機能を併せ持っています。

さらに中期経営計画は、企業体質を改善・革新するためにも必要なことです。目先の利益を上げることだけを目標としていては、企業体質を改善することはできません。常に目先の動きだけに左右されてしまいます。企業体質を改善することが結果としての利益を安定的に生み出してくれるのです。企業体質を改善するために何をしなければならないか、そのためにぜひとも実施すべきことは何かを考える、ということは、戦略的中期経営計画を策定することに他なりません。

そもそも、中期経営計画が立てられていないということは、戦略を持っていないということと同じことを意味します。経営者が今後の自社の歩むべき道筋を立てていなければ、社員はどの方向に進むべきかがわかりません。先が見えなければ、企業行動は、その場その場をしのぐだけに終始してしまうことになります。つまり、中期経営計画を立てることは、経営者の最大の責務なのです。

戦略的中期経営計画を立てることにより、次の効果が期待できます。

・常に新しいビジネスモデルづくりの体質ができてきます
・全社員が同じ経営方針のもとに行動する組織風土ができてきます
・トップ及び経営幹部の経営管理能力が高まります

なお、中期経営計画発表会を実施することにより、経営方針や経営戦略が全社員にまで浸透することができます。金融機関など外部の人を招くことで、より信用力も高まります。

2　中期経営計画策定のステップはこうだ

中期経営計画を立てたら年度の経営計画にまで落とし込む

中期経営計画を立てることとは、自社の立ち位置を明確にし、将来の方向性を明示し、具体的な目標を経営計画に落とし込み、経営革新を図っていくことです。

本書で今まで経営革新を進めるための考え方と手順を、各種のフォーマットを使いながら説明してきましたが、このステップを踏むことが、即中期経営計画を立てるステップになります。

経営理念やビジョンを明文化することから始まり、事業戦略の再構築を図ります。そのためには外部環境や内部資源をしっかりと見極めることが必要です。

自社の財務分析をすることにより、自社の現状を客観的に把握することができます。そして練り上げた事業戦略を基に、中期経営計画の策定に際しては、事業計画、組織計画、マネジメント計画等を数値にまで落とし込みます。

また、事業戦略を実効あるものにするためには、業績管理と経営の効率化を徹底することが大切です。

原価や生産コスト、各種の経費削減も収益向上には不可欠ですし、マーケティング力を高めるた

【図表59　中期経営計画推進フローチャート】

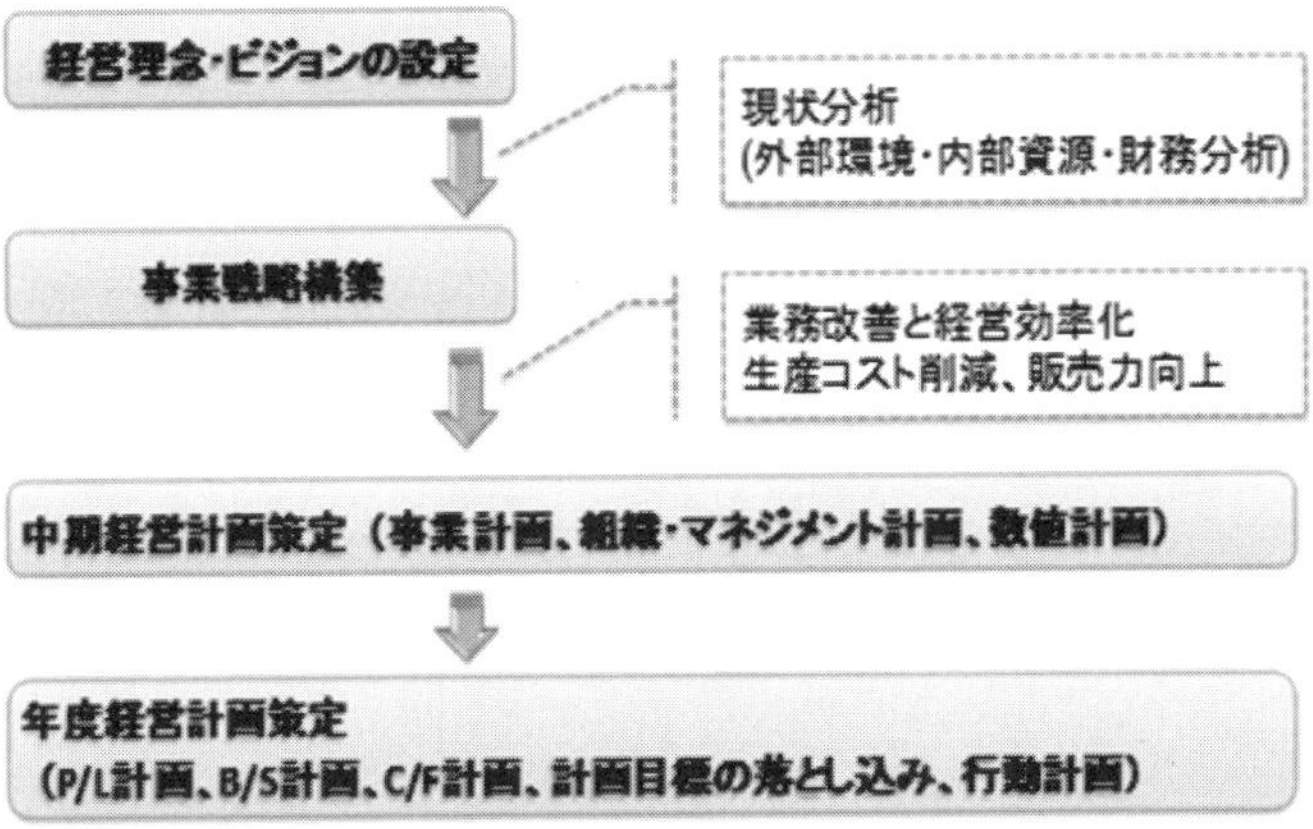

めの営業力の向上も、増収を実現するために当然必須の経営行動です。

こうして3年から5年の中期経営計画を立てた後は、これを年度の経営計画にまで落とし込みます（図表59参照）。

損益計算書計画、貸借対照表計画、キャッシュフロー計画を、実現可能な数値計画にまで、しっかりとした数値目標を立てます。

さらに、立てた目標数値を実現するための行動計画を部門や課、人員ごとに、年間、月ベースで立てます。要は絵に描いた餅にならないようにするためです。

なお、中期経営計画を戦略的に推進していくためには、図表60のフローチャートに基づきフェーズごとに策定していくことが、より実効性のあるものになります。

また、策定を具体的に実行するための基本シートを図表61〜63に示していますので、活用してみてください。

【図表 60　戦略的中期経営計画を実行するには】

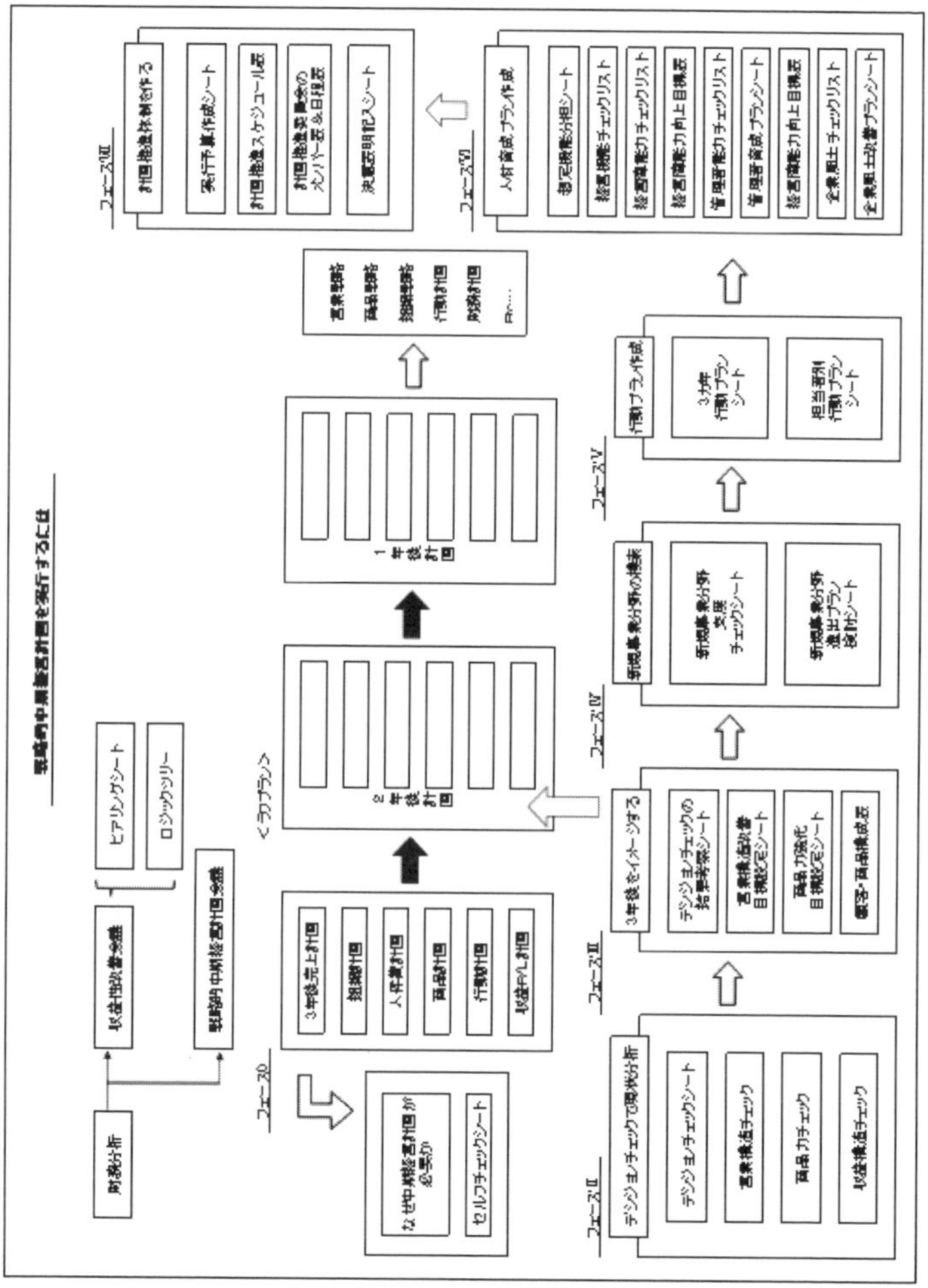

【図表 61　実行予算作成シート】

実行予算作成シート

科目	直前期	今期	年	年	年
①売上高目標					
材料費					
外注費					
商品仕入費(高)					
その他					
②変動費比率					
③総変動費　(①×②)					
④限界利益　(①−③)					
ア.人件費					
イ.減価償却費					
ウ.製造経費					
エ.販売費・一般管理費					
オ.営業外利益					
⑤固定費　(ア+イ+ウ+エ+オ) ⑥経常利益　(④−⑤)					
⑦売上高対経常利益率　(⑥÷①)					

【図表62　計画推進スケジュール表】

計画推進スケジュール表

検討科目		担当者	スケジュール 月			月		
中期経営計画書の作成	1. ワークシート類の整理							
	2. 補足シートの作成							
	3. 印刷・製本							
中期経営計画発表会	1. 開催日時（　　年　　月　　日）							
	2. 開催場所（　　　　　　）							
	3. 式次第の検討							
	4. 社員送迎準備							
	5. 開催案内							
	6. 案内文作成							

【図表 63　計画推進委員会のメンバー表＆日程表】

計画推進委員会の　メンバー表　&　日程表

計画推進委員会のメンバー表

構成メンバー	役　割

計画推進委員会日程表

開催日	主なテーマ
月　　日	
月　　日	
月　　日	
月　　日	
月　　日	
月　　日	
月　　日	
月　　日	
月　　日	
月　　日	
月　　日	
月　　日	

3　経営計画のマネジメントサイクルを回そう

企業は目標達成を実現するための仕組みを組織内に構築する

　経営計画ができ上がっても、つくっただけでは目標は達成できません。全社を挙げて目標達成に邁進していく仕組みづくりが大切になります。企業は目標達成を実現するための仕組みを組織内に構築する必要があります。それがマネジメントサイクルです。

　まず経営計画を立て、それに沿った行動計画に基づき実行し、実行の結果当初の目標と実績を比較し、差異を把握して原因を究明し、必要な是正行動を取るという一連のＰＤＣＡのサイクルを、マネジメントサイクル（図表64参照）といいます。

・ＰＬＡＮ………経営計画を立てる、行動計画を立てる
・ＤＯ……………立てた計画を実行に移す
・ＣＨＥＣＫ……目標の進捗をチェックする
・ＡＣＴＩＯＮ……目標と実績の差異を是正するための修正行動を起こす

【図表64　マネジメントサイクル】

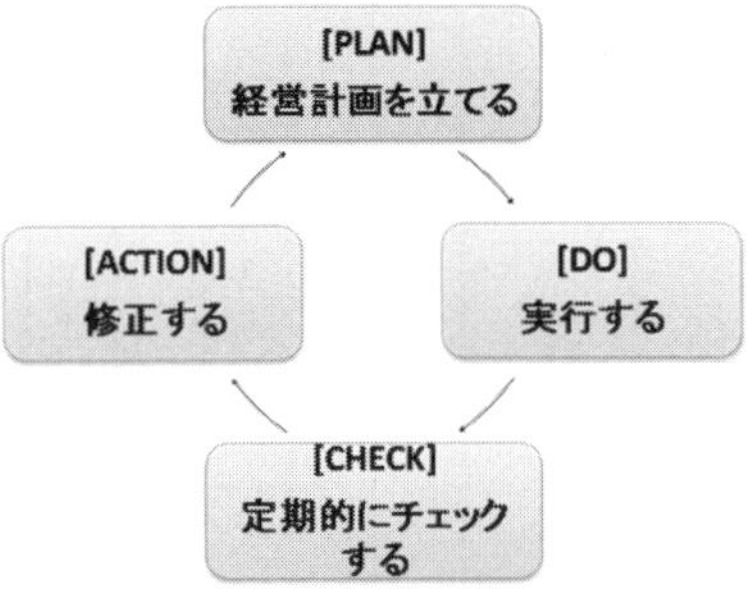

特に立てた目標や予算と実績のかい離をチェックする進捗管理をしなければ、あるいはそのチェック自体が不定期だったり、数か月ごとでは、行動の修正は遅すぎます。毎月ごとに定例での進捗管理会議が必要です。

それには、毎月初には前月の実績数値が会計データとして判明していることが、大前提です。

月次定例会議を開催する

この月次定例会議を開催することにより、多くのメリットがもたらされます。

①　経営の先行管理が可能となります

当初設定した目標としての経営計画と、月次決算実績に基づいて、経営を先行管理することができます。

②　予算実績管理により、迅速な意思決定が可能となります

予算と実績の差異分析や予想決算により、経営のかじ取りと是正策が迅速となります。

③　決算月に至るまでの予測が可能となります

経営者にとって一番不安な予測決算・予測税額・予測資金繰りの見込みが立ちます。

④　経営にゆとりが生まれます

常に現在と数か月先が数値として見えますので、経営に対するゆとりが生まれ余裕をもった経営を可能とします。

⑤　収益向上の実現度が高まります

【図表65　月次実績検討表】

平成　年　月実績検討表

	当月			累計			翌月
	予算	実績	%	予算	実績	%	予算
売上高							
変動費							
限界利益							
(%)							
人件費							
接待交際費							
水道光熱費							
賃借料							
減価償却費							
修繕費							
消耗品費							
発送配運費							
旅費交通費							
地代家賃							
通信費							
租税公課							
支払利息							
その他							
固定費計							
経常利益							
人員							
1人当たり売上高							
1人当たり限界利益							
現金預金							
売掛金							
棚卸資産							
借入金							

問題点	原因	対策
(売上高)		
(限界利益率)		
(製造固定費)		
(販管固定費)		
(生産性)		
(資産・負債)		
(その他)		

出所：「速報税理」

増収増益に向けた、営業・技術・商品・原価・経費などの検討と是正策を継続しますので、それだけ実現度が高くなります。

具体的には、図表65を基に実績検討会議を開きます。さらに重点を置くテーマについては、図表66により是正策を行動計画にまで落し込み、実行可能なも

【図表 66　月次活動検討表】

月次活動検討表

科目／テーマ	担当	業績面の計画／実績／差異	行動計画／実績	評価	挽回策

のになるまで、高めていきます。

4　戦略経営会議はどうしても不可欠

全社的に目標達成のための行動を推し進める

経営計画を立て、マネジメントサイクルを回すことは経営管理の基本ですが、さらに経営体質の改善と経営革新の推進を通して会社を成長させるためには、役員会議・幹部会議を通じて、全社的に目標達成のための行動を推し進めなければなりません。そして、経営革新を実現する強い会社をつくらなければなりません。

強い会社をつくるためには2つのポイントがあります。まず、戦略的に儲かるビジネスモデルを創ることです。儲かるビジネスモデルは、一夜にしてできるものではありません。戦略仮説を立て、キャッシュフロー面で耐えうる範囲でトライする。そして検証する。その繰り返しこそが、儲かるビジネスモデルを創る唯一の方法です。

戦略的な中期経営計画を立て、進捗管理とローリングプランを繰り返して素晴らしいビジネスモデルを創るためには、毎月戦略経営会議を開催し、仮説と実行、実証と検証の繰り返しを継続していくことが必要不可欠です。そのためには、図表67のようにビジネスモデルを常に可視化していくことが肝要です。

【図表 67　ビジネスモデル可視化の可能性】

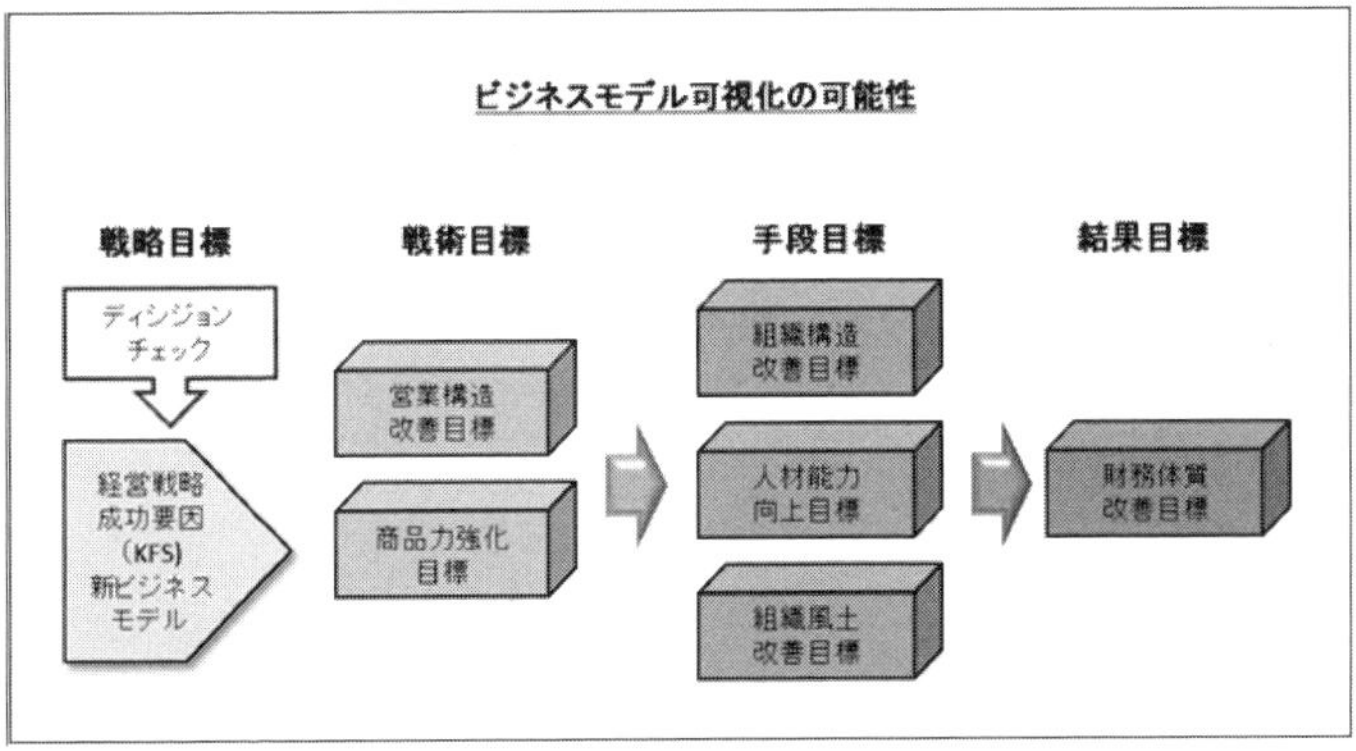

戦略経営会議を推進するには

強い会社をつくるためには、さらに目標と予算管理を徹底してキャッシュフロー改善を行うことです。売上が目標通りに達成できない、経費が予算より増えがちである、といったとき、経営計画の根拠となる経営施策を練り直し、行動を革新することが求められます。行動を革新することで財務数値を改善し、キャッシュフローを増やすためにも、戦略経営会議が大切な役割を果たします。

戦略経営会議を継続開催することにより、儲かるビジネスモデルをつくり直すことができることに役立ちますし、売上の機会損失や経費のロスを削減することもできるようになります。また、経営者の経営戦略を組織全体に浸透させることに役立ちますし、後継者や幹部と共に会議を実行することにより、彼らの経営能力を高めることができます。

具体的に戦略経営会議を推進するには、図表68を基に、強化すべき経営計画目標毎に課題を抽出し、施策を記入していきます。さらに各部門ごとにアクションプランを具体的に立案します。そして、毎月の進捗レヴューで改善を繰り返しながら、ビジネスモデルを確実につくり上げていきます。なお、戦略経営会議の結果をまとめたフォーマットが図表69です。

ビジネスモデルの構築に取り組むのは、企業としての組織目標を達成するためです。そのためには、作成したビジネスモデルを戦略目標レベル・手段目標レベルにまで落とし込み、体質改善を図りながら、結果としての財務目標を達成する構図をつくり上げることが大切です。

ここで筆者の事務所でクライアントに提供している業務を紹介します。中小企業の経営者は毎日とても忙しいのが現状です。そうした状況の中では、自社の経営を真剣に考える時間がなかなか取れないのですが、最初に中期経営計画教室に参加してもらうようにしています。これは、丸一日かけて会社の現状を診断することから始まり、中期の計画をシミュレーションを繰り返して、実現可能な数値にまで落とし込み、方針と戦略をつくり上げていくものです。

その後、ここでつくり上げた中期経営計画を達成するために、毎月実施している戦略経営会議で、経営者と後継者や幹部と共に、ＣＦＯ（最高財務責任者）の役割を果たしつつ、コーディネート役としてビジネスモデルや収益性改善の実現のためのコーチングを繰り返していくものです。例えば次のような場合に活用されています。

・儲かるビジネスモデルにつくり直したい
・売上の最大化、機会損失・経費のロスを減らしたい
・社長の経営戦略を組織に浸透させたい

【図表 68　戦略経営会議の推進】

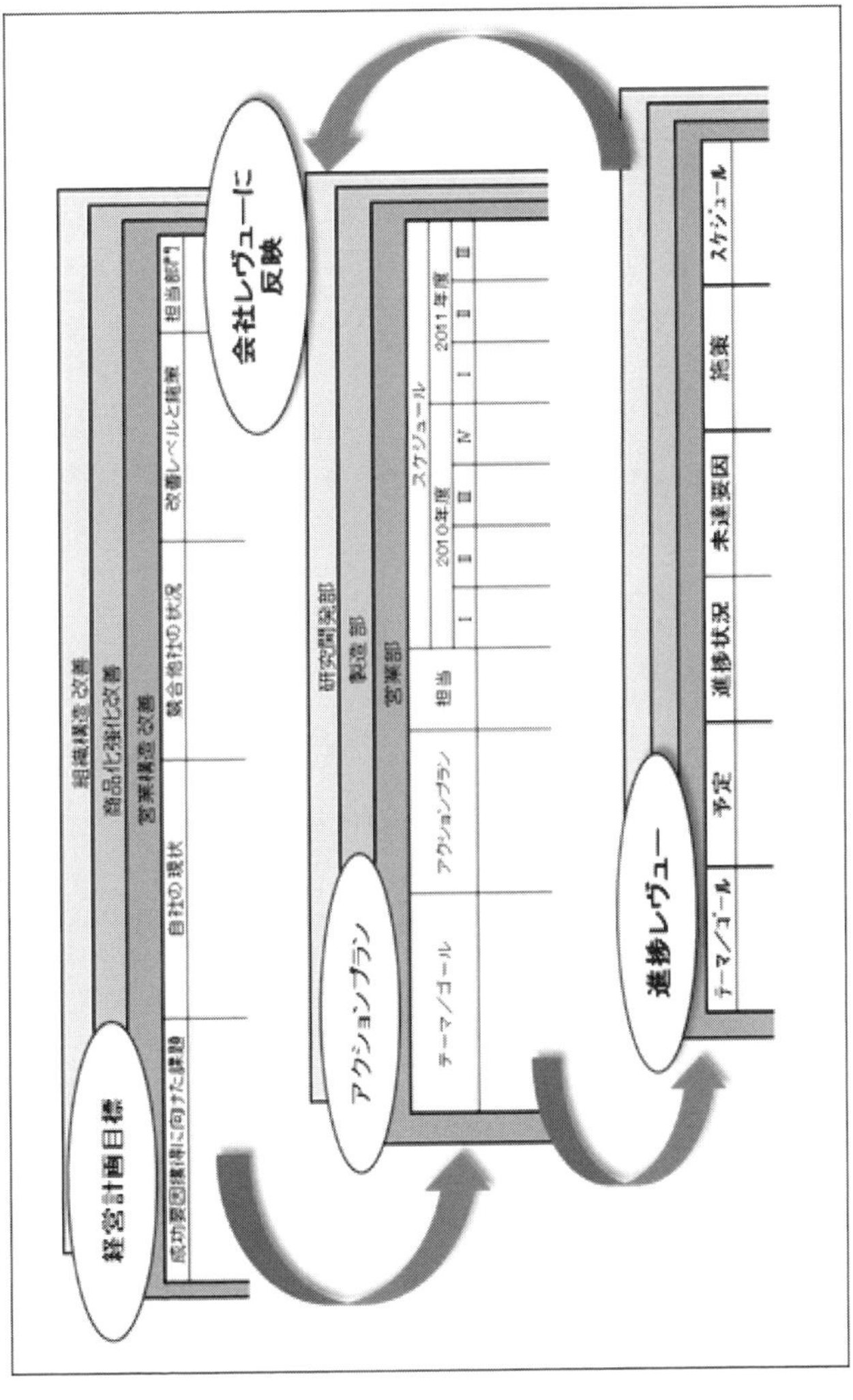

【図表 69　戦略経営会議フォーマット】

戦略経営会議フォーマット

	計画の進捗状況・新たな問題点	対　策
財務業績 重要管理指標推移		
販促		
顧客満足度		
人材育成・採用		
その他		

第5章

うまく活用しよう！国が支援する経営革新制度

1　中小企業支援施策の流れのポイント

経営革新認定支援機関制度を設け、支援の強化・高度化を図っている

日本の中小企業数は、全企業数の99・7％を占めます。大企業は、たった0・3％に過ぎません。従業者数を見ますと、70％が中小企業で働いているのです（図表70参照）。この中小企業が衰退の道を辿ってしまうと、日本の経済発展はとても難しいものとなってしまいます。また大企業は、中小企業からの資材や商品、人材の供給があってこそ成り立っています。

【図表70　日本の企業構造】

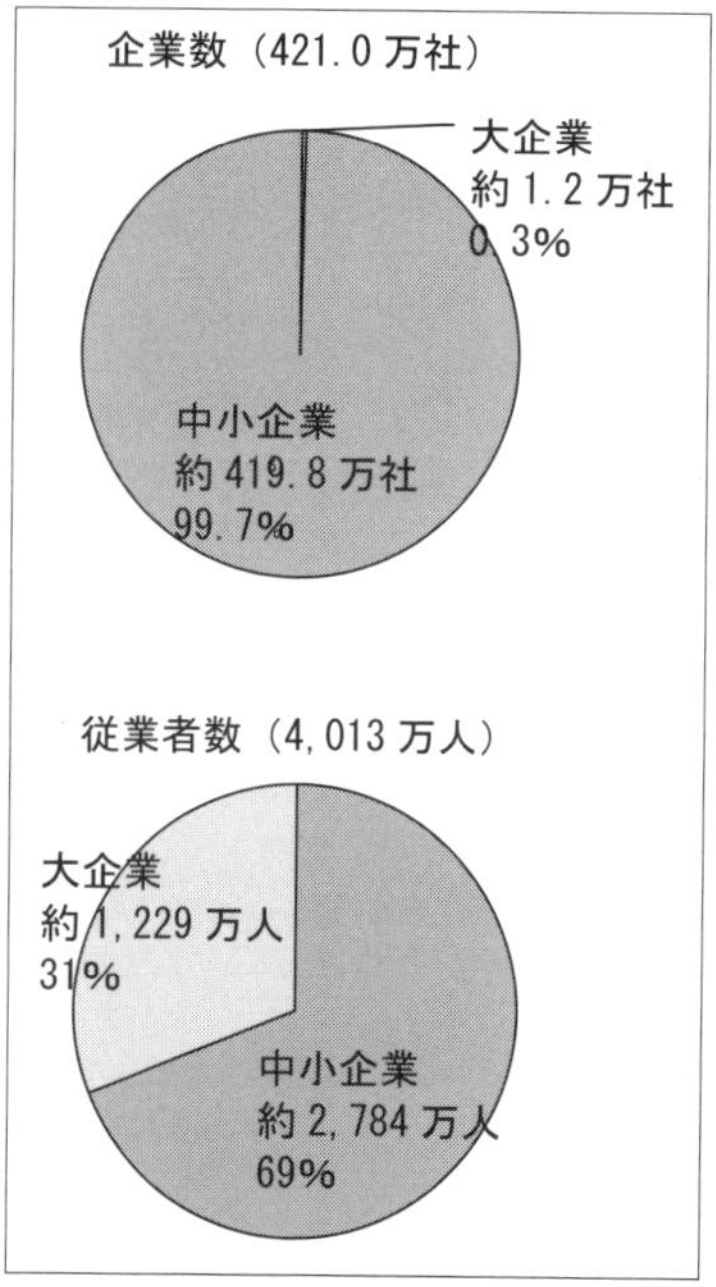

出所：2012年版「中小企業白書」

そこで、国としても中小企業の創意ある発展が経済の活性化に果たす役割が重要であるという認識のもと、平成11年7月に、中小企業経営革新支援法が施行されました。

【図表71　中小企業の経営革新支援】

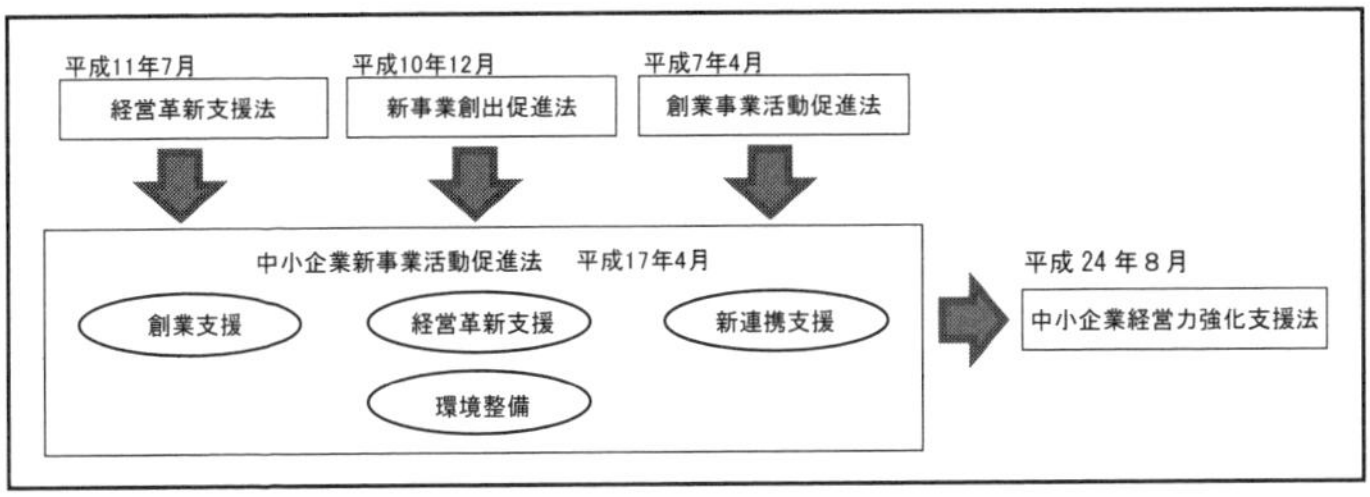

今までの国の施策は、弱者である中小企業を保護しなければならないということで、一律に支援してきました。ところが、支援してきた中小企業は、一向に経営改善がされていないのが現状でした。

支援に必要な補助金や各種の助成策は、税金や国債によって賄われるわけですから、経営不振や破綻してしまうと、国の損失になります。引いては国の借金が膨らむことになります。支援した企業が経営改善され業績が良好になれば、税金として回収でき、国の経済発展につながります。

これからは経営改善に真剣に取り組む企業を積極的に応援していこうというわけです。逆に言うと経営改善できない企業は市場から淘汰されることもやむを得ないとみてきています。

前述のように経営革新を支援するための「中小企業経営革新支援法」が制定され、また、創業支援や新事業開拓支援、研究開発を支援するための「新事業創出促進法」などが統合され、「中小企業新事業活動促進法」が平成17年4月に施行され、骨太になってきています。

その後平成25年3月の「中小企業金融円滑化法」の終了を見据えて、経営改善を強力に推し進めるために、平成24年8月に「中小企業経営力強化支援法」が制定されました（図表71参照）。

この法律は、「中小企業新事業活動促進法」を強化するものとして制定されたものですが、特に経営革新認定支援機関制度を設け、支援の強化・高度化を図っています。

こうした国の支援制度をよく理解し、これを積極的に活用していくことが、自社の経営革新をよりスムーズに推進することにつながります。

中でも国や地方公共団体の支援制度の最たるものは公的補助金です。原則的には返済しなくてもよいお金です。こうした公的機関の補助金は、一般的にはなかなか知られていません。知っているのと知らないのでは、大きな違いです。現実には、公募期間が1か月程度ですので、あっという間に公募が締め切られてしまいます。国や県・市のホームページを検索するなり、経営革新認定支援機関に問合せするなりして、最新の情報収集に努めてください。

公的補助金については後述しますが、ここでは補助金を利用する場合の注意点を挙げておきます。

・補助金は採択予定件数や金額が決まっているものが多く、審査で通らないと受けられません。
・一般的に公募期間が設けられ、所定の書類と共に申請する必要があります。
・補助金は事業を始める場合に支給されるのではなく後払いです。したがって予め事業資金を用意しておく必要があります。
・事業期間が定められますので、事業期間外に支出した経費は認められません。
・事業期間終了後に報告書や支払いの証憑書を提出しなければなりません。

2　中小企業新事業活動促進法の特徴と課題とは

新事業活動を行うことにより、相当程度の経営の向上を図るもの

「中小企業新事業活動促進法」は、新商品の開発、新たな生産方式の導入など、新たな事業活動に取り組む中小企業が、「経営革新計画」を作成し知事の認可を受けると、計画期間中、政府系金融機関による低利融資や信用保証の特例など幅広い支援措置を利用することが可能になります。また、各種の補助金の適用に際しても、適用の可能性が高まります。この認可を受けた企業を「経営革新計画承認企業」といいます。

　経営革新計画について承認を受けるためには、その内容が「新事業活動を行うことにより、相当程度の経営の向上を図るもの」であることが条件となります。計画期間として3年、４年、５年のいずれかを選択できます。具体的には、計画実施内容、経営目標について以下の基準を満たすものであること、計画の実施内容・資金計画について適切であることが必要です。

計画実施における新事業活動とは

　申請者たる事業者にとって新たな事業活動であって、次の各類型の事業を含むもの、またはこれ

らの事業を組み合わせた事業活動をいいます。

①　新商品の開発または生産
②　新役務の開発または提供
③　商品の新たな生産または販売方式の導入
④　役務の新たな提供の方式の導入その他の新たな事業活動

ただし、自らの企画立案による創意ある取り組みである必要があり、すでに相当程度普及している技術・方式の導入については対象外となります。

経営目標についての相当程度の経営の向上とは

経営目標として、次の２つの経営指標が承認にあたっての判断基準となります。

①　付加価値額の向上
３年計画の場合……３年後の目標伸び率が９％以上
４年計画の場合……４年後の目標伸び率が12％以上
５年計画の場合……５年後の目標伸び率が15％以上

②　経常利益の向上
３年計画の場合……３年後の目標伸び率が３％以上
４年計画の場合……４年後の目標伸び率が４％以上

【図表 72　経営革新計画承認申請の手続の流れ】

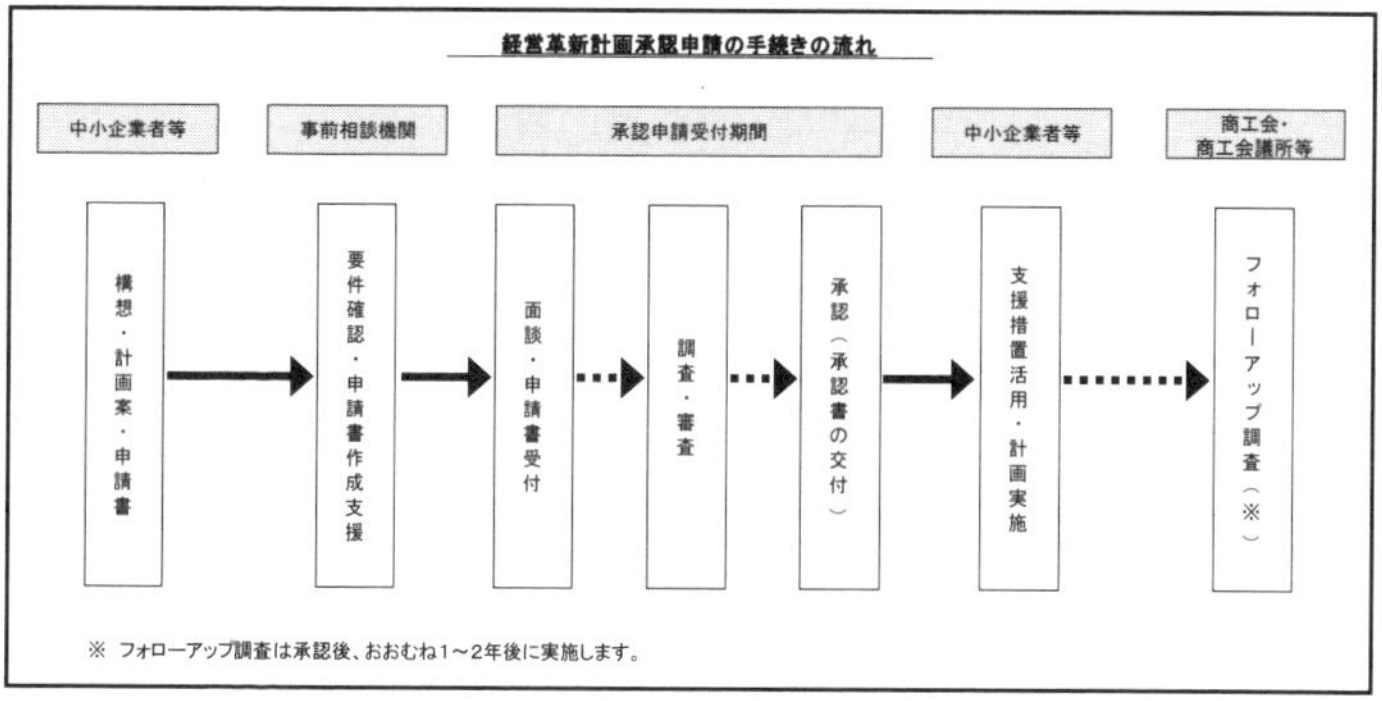

５年計画の場合……５年後の目標伸び率が５％以上

各計画においては、上記数値目標を立てることが必要となります。

承認された「経営革新計画」を実施する中小企業には、次のような支援措置が用意されています。

・政府系金融機関による低利融資
・中小企業信用保険法の特例として、通常の保証枠と同額の別枠保証
・小規模企業者等設備導入資金助成法の特例として、貸付割合と貸付限度額が拡充
・中小企業投資育成会社の投資事業の対象
・特許関係料の減免
・海外展開に伴う資金調達支援
・各県による優遇制度

経営革新計画承認企業として認定されると

したがって、経営革新計画承認企業として認定されますと、

以上のような各種の優遇措置が受けられますし、国が実施している各種の補助金も有利に適用になることも可能となります。しかしながら、現実には次の課題を抱えていることは確かです。

① 創意ある新たな取り組みとして認定されるかどうか不確かなこと

② 申請書の作成にかなりの労力を要すること

③ 各種の支援措置を利用するにあたっては、各機関において申請手続と審査があり、それぞれの実行を保証するものではないこと

この革新計画に真剣に取り組むことはビジネスモデルの確立に役立ちますので、自社の経営革新が大きく進展することができるようになります。

また、承認を受けたことが金融機関を始め、取引先などの外部機関から優良な評価に結びつくことは確かなことです。チャレンジしてみる価値のある制度です。

なお、特に重要な要因である取り組むべき「新事業活動」について事例を挙げて補足をしておきます。「建設業者が、産業破棄物である下水汚泥を植物を用いて処理し、新たに肥料を生産し販売する」ことは、「新商品の開発または生産」に該当します。「美容院が高齢者や体が不自由な方のために美容設備一式を搭載した車で出張して美容サービスを行う」ことは、「新役務の開発又は提供」に該当します。「不動産管理会社が企業の空き家となった社員寮を借り上げて、高齢者向けに改装して介護サービスを付加して高齢者住宅として賃貸する」ことも「役務の新たな提供方式の導入」に該当します。知恵を絞ることで該当するものがあるはずです。

3　中小企業経営力強化支援法の登場の意味

経営革新等支援機関制度

今まで国を挙げて中小企業を支援してきましたが、その中でも「中小企業新事業活動促進法」に基づく経営革新計画承認企業は、ハードルの高さもあり、決して有効に活用されてきたとはいえません。

また、内需減退、円高や震災の影響、取引先企業の海外進出、新興国との競争激化など、中小企業の経営課題が多様化し、複雑化してきています。

地域金融機関がリレーションシップバンキングとして、経営改善サポートの役割を果たすことが期待されていましたが、マンパワーの問題等もあり、充分機能しているとはいえない状態です。地域の中小企業団体も支援には限界があります。

そこで、新たな中小企業支援の担い手の発掘が焦眉の課題となりました。ここで登場したのが、経営革新等支援機関制度です。既存の中小企業支援者に加え、金融機関、税理士・税理士法人、公認会計士、弁護士等の支援を行うものを国が認定し、中小企業に対し専門性の高い支援を実現することを目指したものです。

これが平成24年8月に施行された「中小企業経営力強化支援法」です。
つまり、国が講じている各種の施策や支援策の浸透と、しっかりとした計画に基づく支援施策の利用を推進し、利用した事業の実現をフォローアップすることを目的としています。

経営革新等支援機関の認定基準

経営革新等支援機関の認定基準は次のようになっています。

① 税務、金融、企業の財務に関する専門的な知識を有していること
税務、金融、財務に関する専門的知識が求められる国家資格（税理士・公認会計士・弁護士）や業の免許・認可（金融機関）を有すること

② 専門見地から財務内容等の経営状況の分析等の指導および助言に一定程度の実務経験を有すること
1年以上の経営革新等支援業務（財務の分析、事業計画の作成、事業実施におけるアドバイス）および3年以上の中小企業に対する支援に関する実務経験を有していること、または同等以上の能力を有すること

③ 長期かつ継続的に支援業務を実施するための実施体制を有していること
支援業務を実施するに必要な組織体制（管理組織や人員配置等）や事業基盤（財務状況の健全性や窓口となる拠点等）を有していること

これらは、特に財務経営力を活かした支援ということが要求されているといえます。

具体的な支援策として求められているもの

具体的な支援策として求められているものをステップで示すと、次のようになります。

第１ステップ・財務経営力強化のための基礎固め

中小企業会計指針・会計要領等を活用して信頼性のある基礎財務資料の整備を支援し、中小企業が自社の経営状況を把握し、事業計画が立案できる環境整備を行う。

第２ステップ・財務経営力を活かした経営戦略の作成支援

金融機関、取引先、従業員などの利害関係者が納得できる数値に裏づけされた経営戦略・事業計画の作成を支援し、資金調達力の強化、取引先の拡大、社内教育等の具体的なアクションにつなげる。

＊実効性のある事業計画を作成するためには、経営者がその内容を理解することが不可欠です。財務等の客観的なデータの分析に加え、数値で表れない知的資産の洗い出しにより、経営者の考えを整理し、時間をかけて経営者と一緒に計画を作成することが重要です。

第３ステップ・計画実施のための支援

技術、デザイン、ＩＴ、マーケティング等の専門分野について外部とのネットワークを構築し、支援する。また、事業計画と月次決算を比較した進捗状況を管理し、フォローアップを行う。

こうした支援策を提供していくことができる機関は、現実には税理士や会計士の中で、積極的に経営支援体制を取っており、かつ金融機関と強力な提携を結んでいる会計事務所や税理士法人が該当することになるでしょう。

【図表73　認定支援機関のミッションとアクション】

認定支援機関のミッションとアクション

ミッション	アクション
① ホームドクター的役割	◆ 企業に密着したきめ細やかな経営相談 ◆ 現状把握、経営課題相談 ◆ 財務内容その他経営状況に関する調査、分析
② 専門性の高い支援	◆ 経営改善計画等の策定　◆ 公的支援ツールの紹介と活用促進 ◆ 着実な実行支援 ◆ 中小企業の成長力を促進
③ 継続的フォローアップ	◆ 支援案件の進捗状況管理、継続的モニタリング、フォローアップの実施 ◆ コンサル機能発揮で中小企業の経営支援の充実
④ 地域支援体制の強化	◆ 認定支援機関同士のネットワーク構築 ◆ 外部支援機関との連携体制構築 ◆ ユーザーへの支援策浸透と支援策への意見集約
⑤ 中小企業会計の普及	◆「中小企業の会計に関する基本要領」等に拠った 信頼性ある計画書類の作成・活用の推奨

4　経営革新等認定支援機関の関与による優遇支援策を活用しよう

認定経営革新等支援機関の関与や指導を条件にしているものがほとんど

平成24年８月に施行された「中小企業経営力強化支援法」は、各種の支援策に認定経営革新等支援機関の関与や指導を条件にしているものが殆どとなっています。言ってみれば、企業が独自に各種の優遇支援策を利用することができない仕組みにしています。ここに国の中小企業の支援の本気度を感じることができます。

補助金活用

支援策の主なものとしましては、まず補助金があります。この補助金は、起業・創業・新事業展開・海外展開、まちづくり、人材対策、資金繰り、環境対策のジャンルに分けられます。個々の補助金ごとに補正予算や当年度予算として計上されていますが、すでに予算達成で終了したものもあります。

「小規模企業者活性化補助金」は、補助率３分の２で、補助上限額が２００万円でした。「ものづくり中小企業・小規模事業者試作開発等支援補助金」は、補助率３分の２で補助上限額が

１０００万円でしたが、申込み多数で早々に応募は締め切られました。

平成26年4月現在、補助金として活用できるものとして、代表的なものをあげます。

① 創業促進補助金

この補助金は、新たに起業・創業したり、第２創業を行うものに対して、事業計画を立てて計画の実施に要した費用を補助するものです（図表74）。

② ものづくり・商業・サービス補助金

この補助金は、試作品、新商品、新サービスの開発やプロセスの改善を行う場合の費用を補助するものです（図表75）。

③ 認定支援機関による経営改善計画策定支援事業

金融支援を必要とする中小企業・小規模事業者が、認定支援機関の助けを得て実施する経営改善計画の策定を支援するものです。経営改善計画策定費用や資産査定、事業実施期間中のモニタリングの費用につき、補助するものです（図表76）。

認定支援機関の関与を受けて進めやすいものは、なんといっても補助金です。「ものづくり補助金」では、成長分野として認定を受けると最高で１５００万円が補助されます。「経営改善計画策定支援事業」は、経営改善計画を作成し、金融機関から返済条件を緩和してもらうことが可能になりますので、業況悪化から根本的に立て直しを図るには是非とも活用すべき支援策です。この場合、専門家である支援機関の費用の３分の２が補助されます。

【図表 74　創業促進補助金】

● **創業**
主として地域の需要や雇用を支える事業として起業するもの

● **第二創業**
既に事業を営んでいる企業において、若手後継者が先代から事業を引き継いだ場合などに、業態転換や新事業・新分野に進出するもの

認定支援機関等の関与

申請者である起業家が、認定支援機関たる金融機関、あるいは、金融機関と連携した認定支援機関（金融機関以外の認定支援機関）による支援を得ることを要件としております。

主な審査基準

● **事業の独創性**
技術やノウハウ、アイディアに基づき、ターゲットとする顧客や市場にとって新たな価値を生み出す商品、サービスを有する事業を自ら編み出していること。

● **事業の収益性**
ターゲットとする顧客や市場が明確で、事業全体の収益の見通しについて妥当性と信頼性があること。

● **事業の継続性**
予定していた販売先が確保できないなど計画どおり進まない場合も事業が継続されるよう対応が考えられていること。

事業スキーム

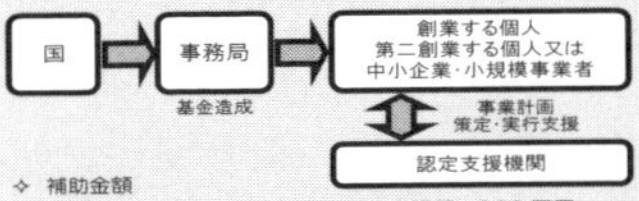

✧ 補助金額
● 創業・第二創業　　補助上限額：200 万円

✧ 対象経費
補助対象事業を実施するために必要な経費であって、適正かつ効率的に計上されているものが対象となります。詳細は公募の際の募集要項をご確認ください。
● 創業及び第二創業に係る事業費
（事業実施に必要な書類作成に係る経費、店舗等借入費、設備費、原材料費、人件費、知的財産等関連経費、旅費、委託費）
● 販路開拓に係る費用
（マーケティング調査費、広報費、旅費、委託費）
● 認定支援機関が実施する専門的な経営支援に対する謝金

応援する起業・創業イメージ

地域需要創造型起業・創業
A 社（ベビー用品企画・販売）

自らの子育て中の肩凝りといった悩みを解決した抱っこひもを、同様の悩みを有する多くの母親に伝えるために起業。日本人の体型に合わせ改良したオリジナル抱っこ・おんぶひもの企画・販売を展開。

第二創業
B 社（製箔業→化粧品企画・販売）

生家の金箔製造業の市場が縮小傾向にあると感じ、製造過程で不要となる和紙を再利用して商品化した化粧雑貨の販売を開始。その後、化粧品の企画・販売事業を展開。

【図表 75　ものづくり・商業・サービス補助金】

試作品・新商品・新サービス開発や生産プロセスの改善などに使えます

① 試作品・新商品の開発や生産プロセスの改善、新しいサービスや販売方法の導入を行う場合
② 金融機関から借入を行い老朽化に対処した大規模設備投資を行う場合
③ 取引先の事業所の閉鎖・縮小の影響を受け、設備投資等を行う場合

通常で 1,000 万円の補助（補助率：2/3 等）が出ます

➢ 試作品・新商品・新サービス開発に係る経費（原材料費、機械装置費、人件費等）に使えます。
➢ 特定分野（医療・環境・エネルギー分野など）への投資に対しては、補助上限を引き上げた 1,500 万円の補助が可能です。
➢ 小規模事業者のみに利用可能な特別枠（700 万円の補助）があります。
➢ 中小企業・小規模事業者が連携して試作品等を開発する取組では企業数に応じて（5 社を上限）補助上限を引き上げます。

対象要件

認定支援機関に事業計画の実行性等が確認された中小企業・小規模事業者であり、以下の要件のいずれかを満たす者
➢ 「中小ものづくり高度化法」に基づく特定ものづくり基盤技術を活用していること
➢ 革新的なサービスの提供等を行い、3~5 年計画で「付加価値額」年率 3%及び「経常利益」年率 1%の向上を達成する計画であること。

<事例>

多言語対応の産業用インクジェットプリンターの開発
情報処理技術を活用して、多言語化に必要な処理能力を持つハードウエアを有するシステムを搭載する産業用インクジェットプリンターを開発し、さらに、部品数の見直しによるコスト競争力向上により海外市場獲得を目指します。

理容店における女性顧客をターゲットとしたシェービング・エステの提供
他店では提供していないレディースシェービング・エステ等に業務拡大。心安らぐ空間作りによって、リラクゼーションという付加価値を提供し、顧客単価の引上げを目指します。

電子カルテ化や新たな洗浄技術の導入及びその効果の検証のための設備導入
顧客情報を電子カルテ化し、顧客の生活環境に合った衣料品のメンテナンスサービスを提供するとともに、水洗いとドライの長所を併せ持つ洗浄方法の開発により、新規需要を開拓します。

【図表 76　経営改善計画策定支援事業】

事業スキームの概要

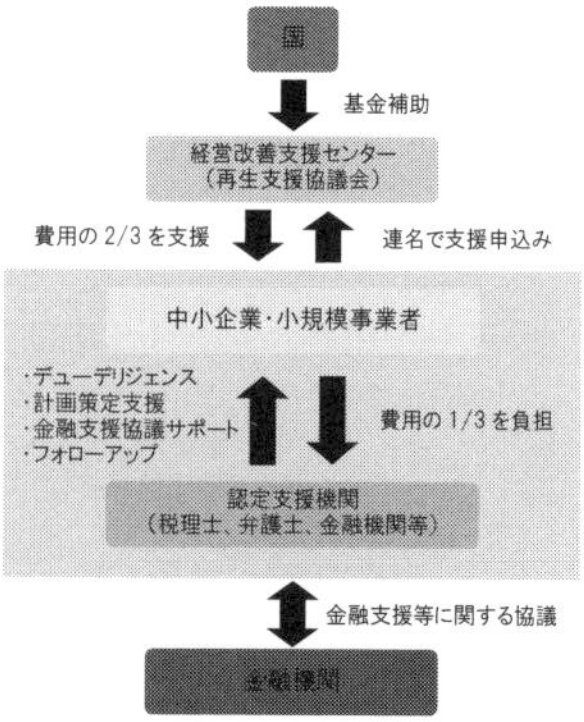

事業の流れ

支援の申込み・策定支援

- 中小企業・小規模事業者と本事業に係わる認定支援機関は、連名で、再生支援協議会に対し経営改善計画の策定を申込みます。（連名の場合は、認定支援機関単独での申込み手続きが可能）
- 認定支援機関は、中小企業・小規模事業者に対して経営改善計画の策定支援を実施します。

金融支援等の協議

- 認定支援機関のサポートを受けて、中小企業・小規模事業者は、策定した経営改善計画に基づく金融支援について、金融機関と協議します。

策定計画の提出・確認

- 認定支援機関は、関係金融機関が合意した経営改善計画・金融支援等を再生支援協議会に提出します。
- 再生支援協議会は、認定支援機関から提出された計画を確認し、費用の 2/3 を支出します。

フォローアップ

- 認定支援機関は中小企業・小規模事業者の計画達成状況について定期的なモニタリングを行い、その結果を再生支援協議会に報告します。（フォローアップ費用も支援対象）

対象となる方

借入金の返済負担等の影響による財務上の問題を抱えており、自ら経営改善計画を策定することが難しいものの、経営改善計画の策定支援を受けることにより、金融機関からの支援（条件変更や新規融資等）が見込める中小企業・小規模事業者。

計画策定支援費用総額の 2/3 を国が補助

費用負担の対象となる計画策定支援費用の総額（消費税を含む）は、原則として以下のとおりとしています。

中小企業の区分	企業規模	費用負担の対象となる計画策定支援費用の総額（モニタリングを含む）
小規模	売上1億円未満かつ 有利子負債1億円未満	100 万円以下 （うちモニタリング費用は総額の 1/2 以下）
中規模	売上 10 億円未満かつ 有利子負債 10 億円未満（小規模を除く）	200 万円以下 （うちモニタリング費用は総額の 1/2 以下）
中堅規模	売上 10 億円以上または 有利子負債 10 億円以上	300 万円以下 （うちモニタリング費用は総額の 1/2 以下）

※平成 25 年 7 月 10 日以降、経営改善支援センターから受理通知を発行する申請案件が対象

経営改善計画の主な内容としては、経営戦略や営業戦略の見直し、販売強化施策の実行、資金繰り管理の実施、借入金返済計画などがあります。その効果として、「収益性が改善し、長期借入金の返済にも目途がつき、資金繰り懸念が解消した、自社の強み・やるべきことが明確になり、従業員ともビジョンが共有できた」等の声が聞かれています。特に金融支援に繋がっています。

融資支援

①　中小企業経営力強化資金融資

　創業又は経営多角化や事業転換による新たな事業活動への挑戦を行う中小企業・小規模事業者に対し、それぞれの企業ごとにきめ細かな支援を行うために、認定支援機関の事業計画の策定支援・

【図表 77　融資制度のスキーム】

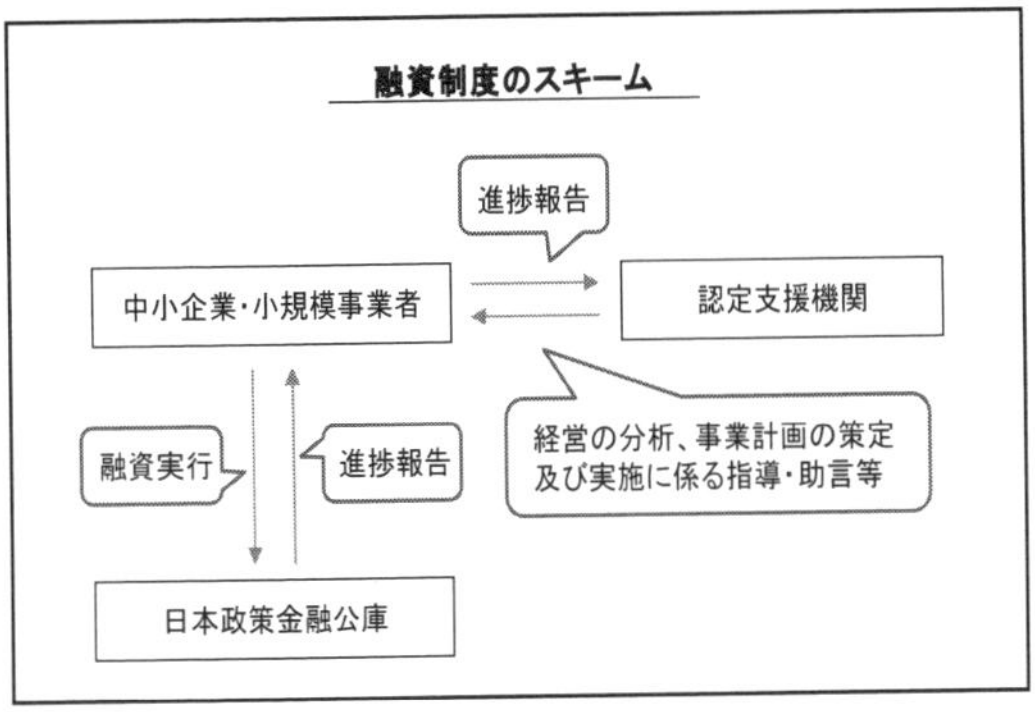

【図表 78　経営力強化保証】

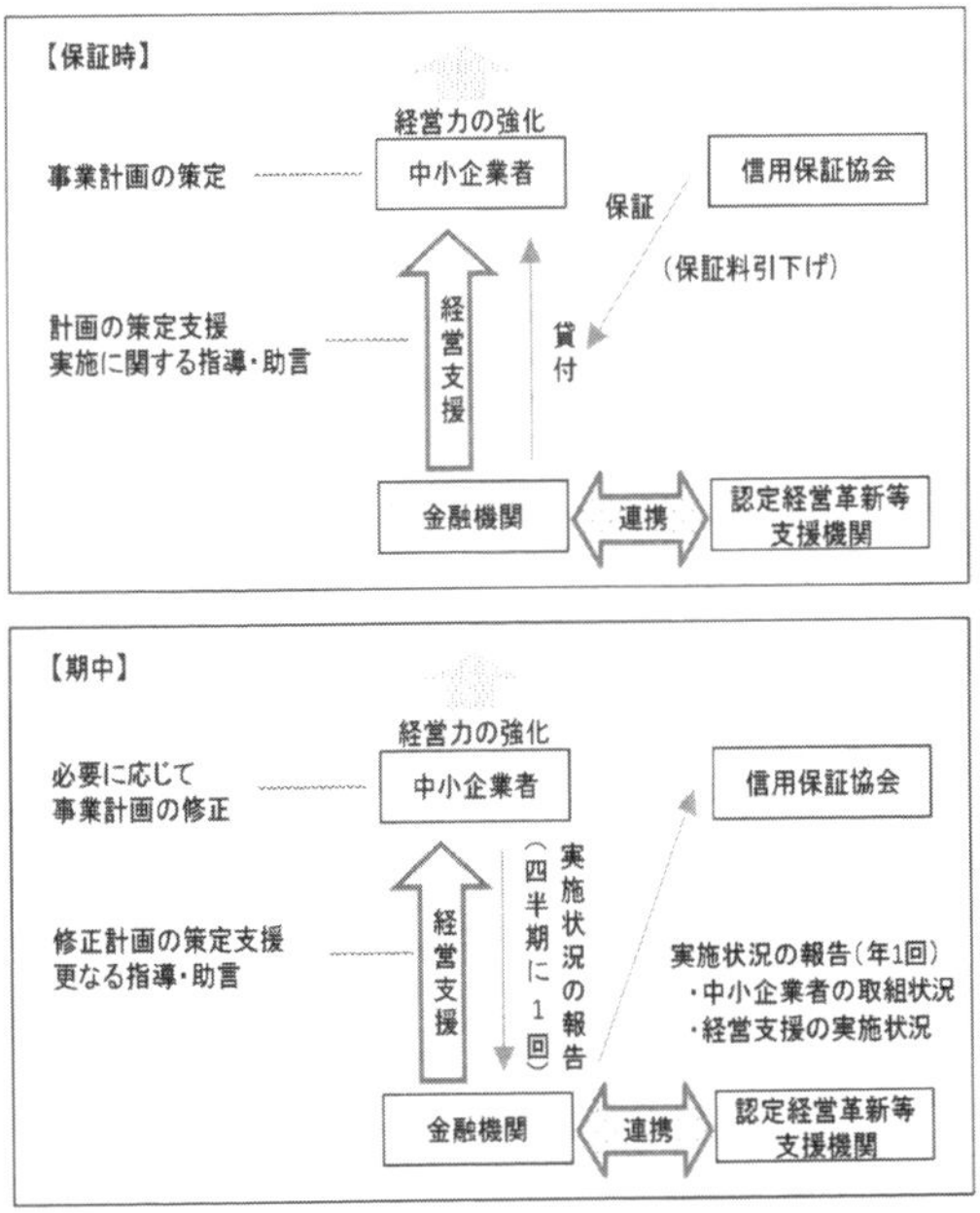

【図表79　資金繰り支援】

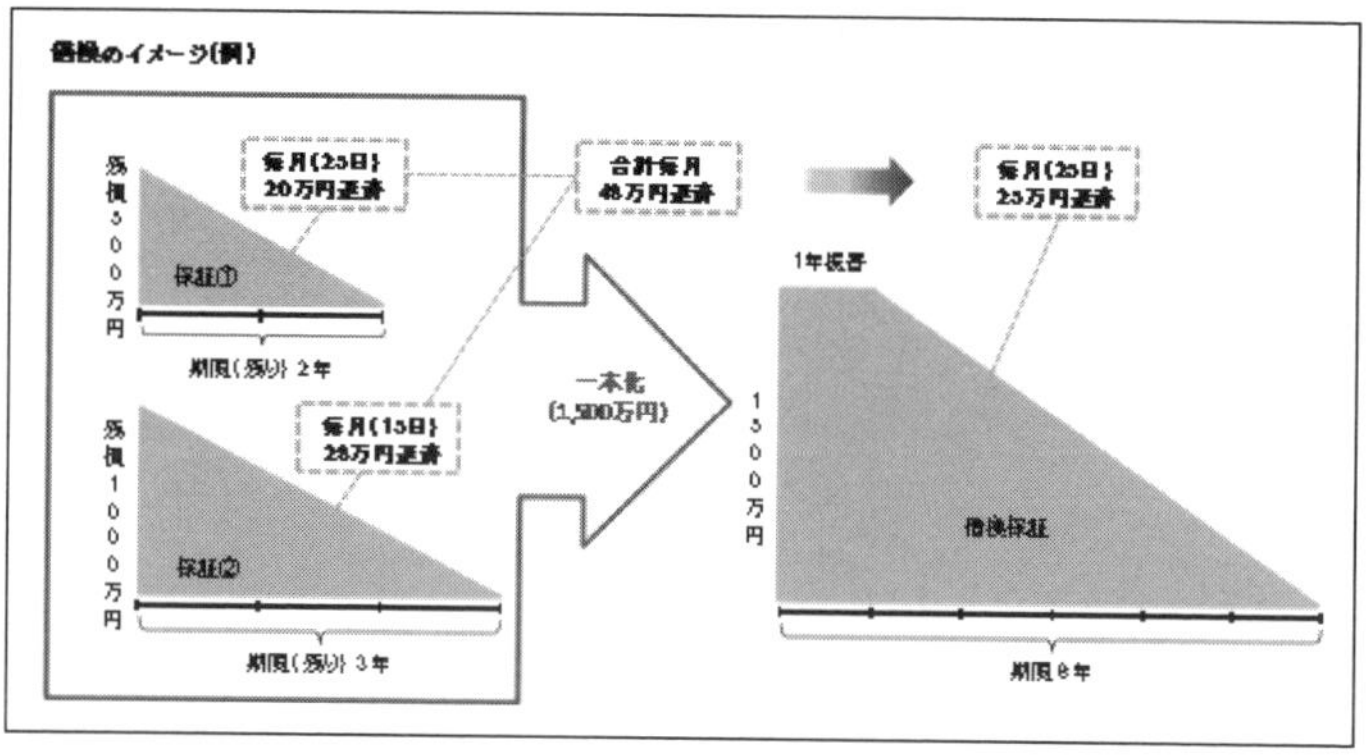

実行支援を受けることで、日本政策金融公庫が低利融資を行うものです。

②　経営力強化保証

認定経営革新等支援機関の力を借りながら、事業計画を策定し、経営改善に取り組む場合に保証料を概ね0・2％を減免するものです（図表78参照）。

この場合、認定支援機関と金融機関の連携による保証協会への定期的な報告が必要となります。

③　中小企業・小規模事業者の資金繰り支援

一時的に業況が悪化している企業に対し、新たに創設されたセーフティネット貸付制度を利用したり、信用保証債務を一本化して返済ベースを見直すことで、返済負担を軽減するものです（図表79参照）。

資金繰り支援には、2つあります。1つは様々なチャレジを行う場合、もう1つは、苦しい資金状況にある場合です。どちらも新たな資金融資が可能となりますので、日本政策金融公庫や信用保証協会へ相談してみてください。

【図表80　活性化に資する設備の例】

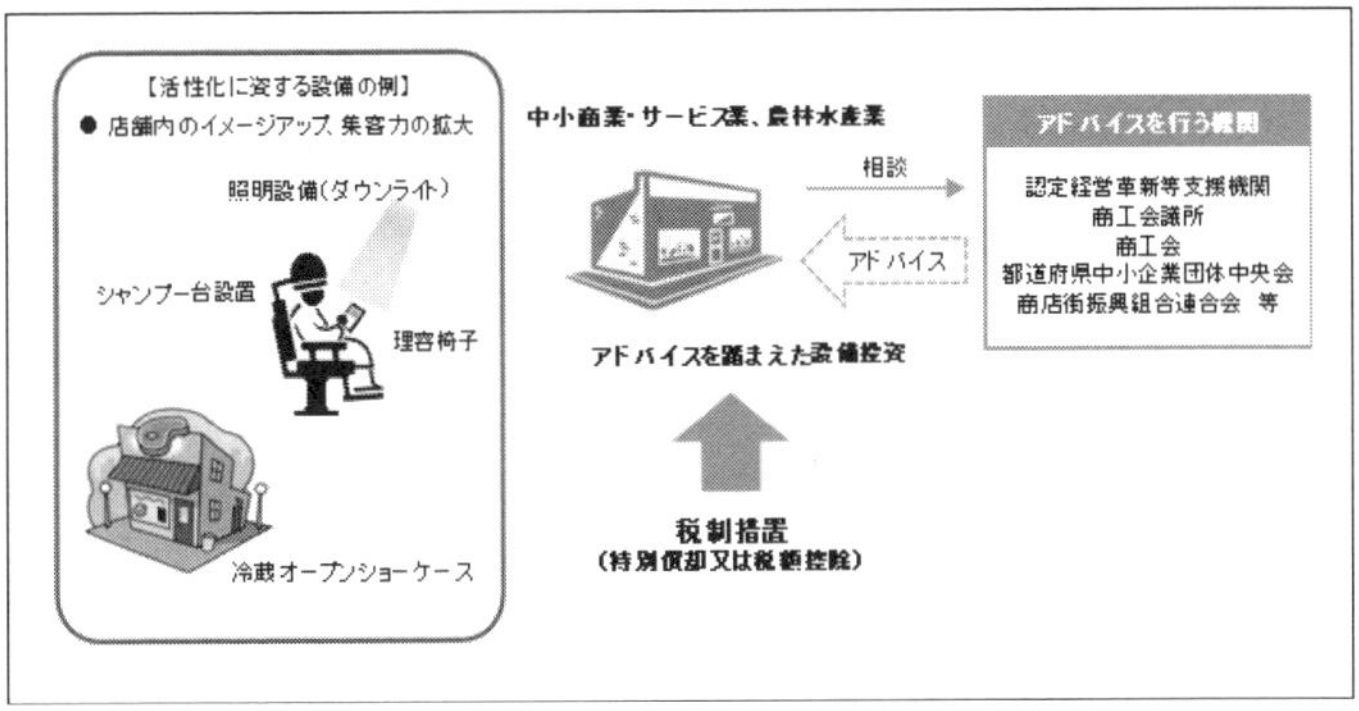

税制特典

中小企業等の活性化に資する設備投資を促進し、活性化を図るために、一定の設備投資に対して税額控除や特別償却を認めるものです。

具体的には、1台60万円以上の設備等の建物付属設備や、1台30万円以上の器具備品の購入に対して取得価格の30％の特別償却または7％の税額控除ができるというものです。

経営革新の相談相手は

中小企業白書によれば、中小企業の経営者の具体的な相談相手は図表81のようになっています。定期的な経営相談をしている相手は税理士・公認会計士が70％であり、メインバンクも20％近くを占めています。

自社の経営革新を強力に押し進めるためには、こうした外部の専門的な知識を有するものとして認定された経営革新等支援機関を、積極的に活用し、かつ各種の補助金や優遇策を有効に活用することをおすすめする次第です。

中小企業の経営課題は、多様化、複雑化しており、独力で厳しい経営環境を勝ち抜くことは至難になってきています。多様な経営課題の解決には、まず現状を把握して、そこから明らかになった自社の経営課題を社内外の関係者に相談して対策を立てることが重要です。経営相談をしている中小企業は、経営相談をしていない企業より増益傾向の割合が高いというデータがあります。信頼のおける相談者から定期的に助言を受けることが、安定した事業の継続に効果的であるといえます。

【図表81　中小企業経営者の経営相談の状況】

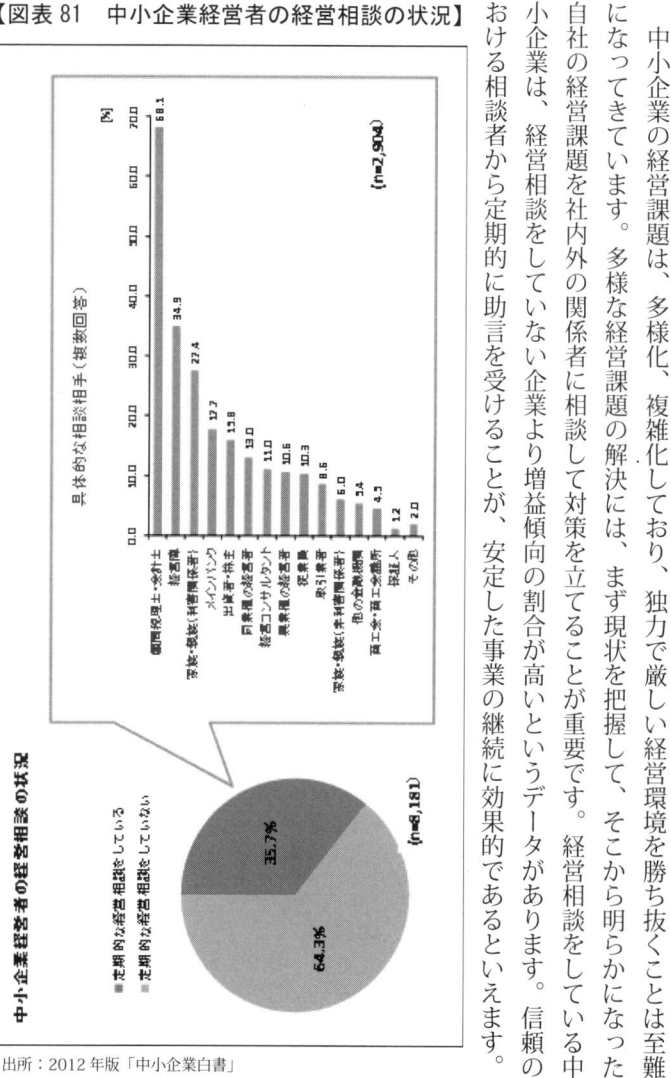

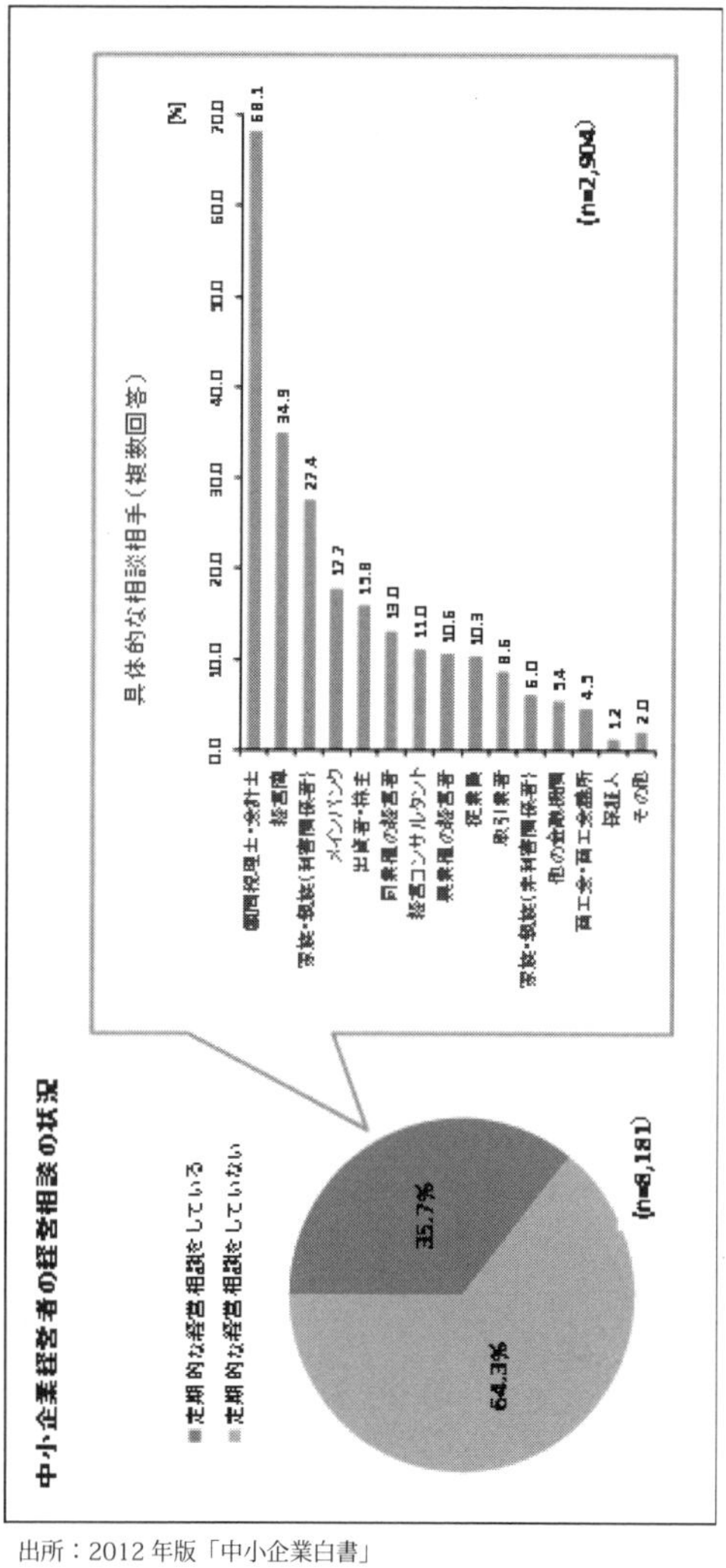

出所：2012年版「中小企業白書」

第6章　経営革新の事例

1　事例1　S社の場合

会社の概要

有限会社S社は、創業40年の自動車鈑金・塗装・修理業を営む会社であり、横浜市のM区において地域住民とともに成長を遂げてきた会社です。従業員は、社長を含め7名の少数精鋭であり、高い技術力を誇っています。

2代目社長の時代に入り、はや10年。バブル景気を経てきた父親の時代とはうって変わって、長引く景気低迷に伴い、自動車産業の衰退や若者の車離れ等のあおりをモロに受け、業績は年々厳しさを増す状況でした。かつては、2億円近くあった年商も1億円を割り、社長も精神的に追い込まれ、とうとう長い歴史の幕を閉じようとまで考えたのです。

財務体質改善に取り組む

「諦めるのはまだ早い。父親から引き継いだ歴史ある会社を、このまま終わらせるわけにはいかない」と、社長と覚悟を決め、売上がこれ以上上がらないのであれば現在の売上高でいかに効率良い経営にすべきか、経営自体を抜本的に見直すことにしました。

Ｓ社は、大手自動車メーカーの下請作業が多く、短納期に加え、単価を低く抑えられていたことから粗利が低く、そこから人件費や家賃などのいわゆる固定費を差し引くと大幅な赤字でした。当然、本業から生み出す資金（営業キャッシュフロー）はマイナスのため、資金的にも非常に厳しかったのです。最初に取り掛かったのは、重くのしかかっていた固定費をすべて見直すことでした。

具体的には、各経費項目について、なければ困るか、役に立っているか、削減可能性と削減可能量、削減の具体的方法を社長といっしょに検討していきました。

その結果、年間７００万円の固定費を削減することができました。それと同時に、粗利を改善するためには売上構造そのものを変える必要があると思い、粗利がとれる売上を確保するために顧客構造の全面的見直しに取り掛かりました。財務改善当時は、粗利率が低いメーカーからの仕事が主だったため、いかにして粗利の良い売上構造にシフトするかが大きな課題でありました。

自社の強みを生かせ！

売上構造を大幅に変えるためには、むやみやたらに受注してもはじまりません。そこで、Ｓ社の強みを最大限に生かし、同業他社との差別化によって伸ばしていく方法を模索しました。

Ｓ社の強みは、熟練工員による圧倒的な技術力の高さにより、納車後のクレームがほとんどないということでした。その高い技術にさらに磨きをかけた方法が「ブロック塗装」という修理方法です。通常、キズやヘコミを直す場合は修理対象部分だけでなく、周囲もグラデーションをかけて塗装する「ボカシ塗装」という方法がとられることが多いのですが、この方法だとボカシた跡も残って、塗料も多く使うことから結果的に割高になってしまいます。この「ブロック塗装」は、修理箇所のブロックのみを塗装してキズやヘコミを直す方法なのですが、高い技術力が必要であり、たいていの修理工場では、なかなか使われない方法なのです。

　この技術力の高さをもっとアピールできないかと思い、ホームページのリニューアルを行いました。ちょうどネットからの集客が増えていたということもあり、ホームページ上で修理工程を動画で公開するなど、技術力の高さをお客様に直に見てもらうようにしたところ、問合せが増加。かつて、外車（ＢＭＷ）の修理を依頼された顧客から「一度S社に修理してもらったら他社には修理を頼めない」という嬉しい声があがるほど見事な仕上がりでした。

　この技術力の高さがのちのち大手損保会社の指定工場になることにつながっていきました。大手損保会社の指定工場に入れたことで確実な受注構造を確立することができ、しかも一定の粗利が確保できるような体制ができあがっていきました。こうして、粗利率の低い仕事から徐々に脱却することができたのです。

差別化とおもてなし経営で個人顧客も増加

　S社は、国の認定工場でもあることから車検も請け負っていましたが、通常、ハガキで簡単にお知らせすることが多い車検や点検のお知らせも、丁寧な手紙に見積書を添えて送る方法にしたところ、一度車検整備を行った顧客からその後の修理も依頼されるなどリピート率も高まりました。

また、S社の工員はすべて、元気で笑顔の接客を心掛け、良心的な見積もりや車の知識の豊富さを生かし、顧客の立場に立ったアドバイスができる良きカーアドバイザーです。ホームページで高い技術力をアピールし、来店した顧客には丁寧なアドバイスをする。一度修理を依頼した顧客は、またS社に頼みたくなるのは当然のことでしょう。

まさにS社は、「高い技術という強みとおもてなしで顧客から選ばれるような会社」になったのです。横浜市ではもちろん、最近では愛知県や千葉県など遠方の顧客からの問合せも多く、車愛好家から愛される修理工場になっています。

今でも時折思い出します。ある日の夜8時過ぎ、顧客訪問を終え、ちょうどS社の近くを通りかかったので、工場を覗いてみました。既に従業員が帰ったあとの誰もいない工場には、顔色は青ざめ、放心状態のように見える社長の姿がありました。声をかけてみても、どうも様子が変です。一体どうしたものかと思っていると、「このまま仕事を続けていても業績はますます悪くなるばかりだ。いっそのこと廃業を考えているんだ」と、いきなりの発言。偶然立ち寄ったとはいえ、まったく想像もしていなかった出来事に、私のほうが青くなる番でした。

あれから4年の歳月が流れました。S社は前述したようにあらゆる経営改善の手を尽くし、廃業どころか見事な業績回復を果たしました。今では、廃業を考えたことも懐かしい思い出として社長と語れるようになりました。

2　事例2　A社の場合

会社の概要

株式会社A社は、元公立中学校の保健体育教師であり、保育士・知能研究所認定インストラクターのライセンスを持つ代表者が、平成20年10月に設立しました。

0歳児から5歳児の幼児と小学生の学童保育まで、保育園としての機能をもちながら、子供たちに英語を軸とした教育プログラムを提供する無認可の駅前保育施設です。親の知的水準が高く、教育熱心で比較的富裕層の家庭の子供たちをターゲットに、ネイティブの外国人教師とバイリンガル保育士・幼稚園教諭によるチームティーチング方式で主に英語を軸としてさまざまな教育を行っています。

開園当時の様子

開園当時、１００坪の園舎には園児がポツポツ。正職員が2名とアルバイト数名。園舎の内装や送迎バスなどの設備投資によって設立初年度は1千万円超の大赤字。「今後、園児が集まらなかったらどうしよう」と、広すぎる園舎の中で不安な気持ちが広がったのを今でも鮮明に覚えています。

月次モニタリングを開始する

不安なスタートからいかにしてA社を伸ばしていくか、社長との模索が始まりました。まずは、財務基盤を整えるため損益計画からキャッシュフロー計画までを作成。いったい月にどれくらい売上があったらキャッシュを残していけるのかを計画に盛り込み、毎月計画と実績をモニタリングしました。そして、これらの差について原因を分析し、解決方法を社長と考えていきました。

社長の不安をなるべく軽減させようと、時には愚痴を聞いたり励ましたりしながら、きっと社長の理念が地域の親御さんたちに伝わるはずだと信じていました。そこで、大きく飛躍するためには、やはりA社の強みを前面に打ち出す必要があると思ったのです。

A社の躍進

A社には、大きな強みがありました。通常、子供への英語教育というと英語だけのプログラムしかないプリスクールが多いのですが、この会社の理念として、「母国語である日本語のレベルが低ければ、英語のレベルも伸びない」という方針のもと、英語だけに偏らず、コミュニケーションツールとしての日本語と英語を場面に応じて使い分けられる能力を身に着けることを目指していました。子供たちが将来的に日本語と英語のどちらを選択して進路を決定しても対応していけるようなプログラムをつくっていたのです。

英語のほかに日本語知育、音楽、アート、クッキングや運動のプログラム、本来であれば習い事として経験する「チアダンス」や「スイミング」「サッカー」のプログラムまで取り入れた非常に豊富なカリキュラム。この教育プログラムを体験した子供たちは、小学校低学年で日常会話には困らないほどの英語力がつく一方、かたや漢字の書き取りもしっかりできるようになるのです

このように教育熱の高い層が多く住む特定のエリアをターゲットとして、バランスのとれたプログラムを子供たちに提供する戦略が地域の親御さんたちに口コミでどんどん広がり、入園説明会は、いつも満員。入園のウェイティングがでるほどになりました。設立した当時はガラガラで閑散としていた１００坪の園舎は、２年後には近隣に80坪の施設を増床するまでに成長していきました。もちろん、園舎を増床するにあたっても投資のタイミングをしっかり見据えて計画を立てて実行したのは言うまでもありません。

結果として、園児の人数は幼児、学童合わせて２００名にまで増えました。子供の教育に対するしっかりした経営理念が多くの親御さんたちに受け入れられ、プログラム内容も常に新しいものを取り入れるなど経営者の信念がＡ社をここまで成長させることになったのです。

財務内容も売上高は5年で6倍。営業利益率は、マイナススタートだった設立年度から比べて60％の増加となりました。創業6年目でこの数字は驚くべきものです。

さらなる躍進へ向かって

Ａ社が存在する横浜市Ｔ区は、英語教育熱が非常に高い地域であり、近隣には幼児から学童まで

の大小多くの英語施設が存在する激戦区です。

A社にとって当然ライバル校の存在は気になるところですが、この点についてはあまり気にかけている様子ではないようです。というのも、近々現在の英語を軸にしたプログラムに体育施設をさらに充実させる計画と、体験・実験型の英語でのサイエンスコースを新設する予定があるからです。これらの新設コースは、これまでの親御さんからのニーズをもとに考えられたものです。

運動については、体育施設として屋上グランド・天井高を確保した体育室や通年使用可能なプールなどが用意されたトータルカリキュラムとする予定であり。東京オリンピック開催が決定し、選手が低年齢化している背景を鑑みると、A社から将来のオリンピック選手が出るのも夢ではありません。

例えば、午前中に運動中心のプログラムを受けていた園児が、午後の時間で英語や知育アートや楽器音楽のレッスンを受けることができ、逆に午前中に英語や知育を受けていた園児が午後から運動レッスンを受けることを可能にする。子供たちにとってA社のプログラムはとても楽しく身に付く魔法のプログラムです。これらの新設コースを実施するにあたっては、現在の施設ではとても賄いきれるものではないため、当然増設ということになります。再び新たな投資をすることについて、代表者は「設立時の不安に比べたら、今回はそれほど不安材料は感じていない」と、語っていました。設立時の不安感が漂っていた頃に比べても何とも頼もしい発言です。

S社同様、自社の強みを生かすことで、大きく成長をしたA社です。

3　事例3　ベイヒルズ税理士法人の場合

1　事業戦略を策定する

①　市場浸透戦略

当事務所は、今から10年ほど前は創業後15年経過した頃でしたが、数年間売上が停滞し、伸び悩んでいました。まだその頃は人数も10名程度でしたから、積極的に新しい市場の開拓や新サービスを開発することは難しい状況でした。

そこで、既存の市場である法人顧客向けに、既存のサービスをいかに差別化して提供するかということに取り組みました。アンケートを取ってみると、税理士事務所への経営者の不満で多かったものは、「顧問料が不明瞭で、何を基準としているかがよくわからない」「税務顧問のサービス内容がよくわからない」「何をどこまでしてくれるのかが不安だ」ということがわかりました。

そこで、経理コンビニという税務顧問サービスを始めました。

私たちは、顧問契約書に税務顧問サービスの詳細を細かく記載しました。そして、こう説明しました。「私たちのサービス内容はこの顧問契約書に記載しているとおりです。この内容はすべて顧問料に入っています。この契約書に記載されていないものは別途費用がかかります。また、顧問料は売上高と訪問回数により区分されています。」

税理士事務所は労働集約型ですので、一番多い経費は人件費です。毎月訪問することは大きな人件費コストが発生することになります。それを3か月に1回の訪問を基本としました。訪問回数を少なくすることで人件費コストが減少します。そうすることで顧問料も低く設定することができるようになりました。

訪問回数を少なくするために取り組んだことは、経理の完全自計化です。企業において経営者が、自社の経営成績や財務内容がリアルタイムにわからなければ、正しい意思決定ができません。私たちが優れたと認めた経理ソフトを導入し、企業が自社で経理が自立化してできるよう時間をかけて徹底しました。今ではクラウド会計になっていますので、訪問しなくてもお互いに画面を見ながら財務状況を確認できるようになりました。

この経理コンビニサービスを提供して以来10年経過しましたが、この方式が毎年順調に導入されていますので、市場浸透戦略により、既存市場へ既存商品サービスの提供を果たしているといえます。

②　新市場開拓戦略

次に取り組んだことは、既存サービスを新規の市場に提供することでした。従来より税務サービスには、法人向と個人向けがありました。個人向けには確定申告もありますが、不動産の譲渡による申告、相続や贈与が発生した時の相続税や贈与税の申告、これらを資産税と称しますが、本格的に取り組むために資産税部門を組織しました。資産税を専門に扱う個人市場の開拓です。もともと相続や譲渡には相応の実績があったのですが、組織としての取り組みを強化したわけです。さらにファイナンシャルプランナーを採用し、その後社会保険労務士も採用しました。

私は、以前より、税理士事務所は企業の支援だけでなく、経営者個人やその家族、また従業員の個人的なライフプラン支援を提供すべきだと考えていました。特に経営者は、従業員の何倍も働き、財産も抵当に入れ、会社を良くしようと一生懸命働き続けています。そうした経営者が報われるよう、個人としての豊かさの形成にも貢献すべきであるという思いからでした。

③ 新商品開発戦略

さらに現在取り組みを強化していることは、既存市場に新サービスを開発し提供することです。ＭＡＳ（Management Advisory Service）といい、経営支援サービスです。経営者の税理士事務所への不満の1つに、経営のアドバイスがない、というものがあります。なにせ4社に3社が赤字ですので、節税よりも会社を黒字にする方にどうしても比重が置かれます。経営者は孤独とも言われていますが、中小企業の経営者が一番相談する相手は、税理士や税理士事務所のスタッフです。

会社の経営状況を一番わかっているのが税理士事務所です。特に計数面で把握している税理士

【図表 82　ＭＭ塾の展開】

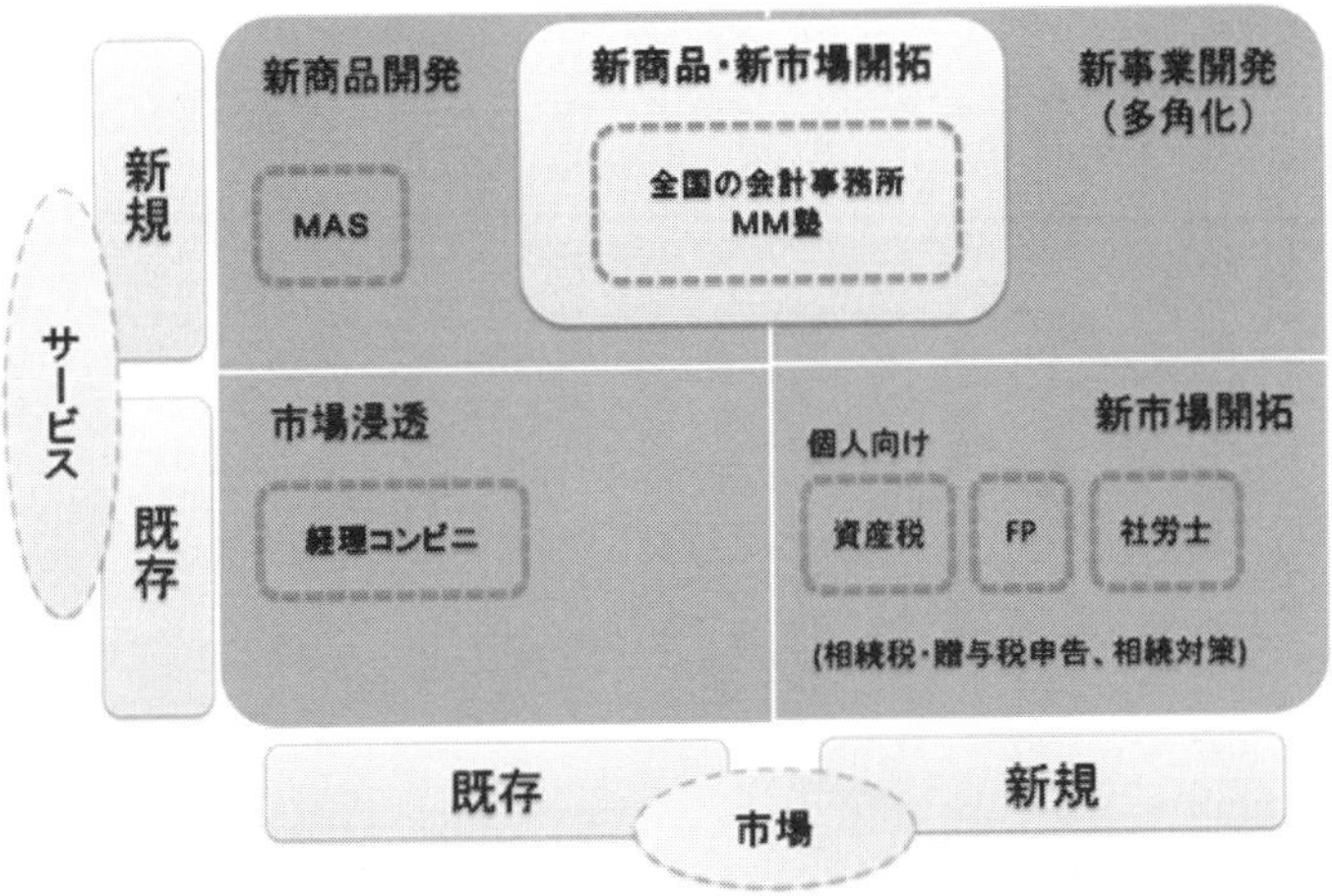

事務所が、経営のアドバイスを積極的に行うことは、本来果たすべきミッションであると考えています。

そこで、ＭＡＳ課を設置し、事業戦略の構築と経営体制の革新を支援すべく積極的に取り組みを図っています。そして税務顧問でなくてもＭＡＳ経営支援顧問契約という、セカンドオピニオン契約も増えてくるようになりました。

④　新商品・新市場開拓戦略

最近では、新商品・新市場開拓の戦略として、全国の税理士事務所にＭＭ塾を展開しています。ＭＭ塾とは、地元がみなとみらい地区にあることからもじって「みんなとみらい塾」と名づけたものの略称で、当事務所が今まで行ってきた事業戦略を公開し、お互いにみんなが未来を明るく築いていこうということで始めたものです。

2　経営体制を革新する

①　経営理念・ビジョンの見直しとＣＩの導入

どんなに立派な戦略を立てても、その戦略を実行するのは、その組織で働く社員です。何のために働くのか、使命は何かといった共通の価値観を共有することが根底に必要なことです。そこで従来からあった経営理念を「クレド」として明確に打ち出すことにしました。

クレドとは、ラテン語で「信条、志、約束」を意味する言葉です。企業活動の拠り所となる価値観や行動規範を簡潔に表現したものです（図表83）。

ただ、このクレドだけでは概念的にとどまりがちですので、行動指針として明確にしたのが「ベイヒルズ・バリュー」（図表84）であり、さらに日常の活動の行動基準としての「ベイヒルズ・ベーシック」（図表85）を作成し、毎日の朝礼で読み合わせをするようにしました。

同時に、ＣＩ（コーポレートアイデンティティ）を導入し、ブランド力を高めるために、ロゴデザインを一新。名刺や封筒なども新たなデザインを基に新調し、会社案内を始めホームページも新規につくり替えました。まず社内の意識変換を促し、外部へ働きかけるという手順を踏みました。

②　業務サービスを明確に規定

次に行ったのが、提供する業務サービスを明確にすることでした。クライアントに対してどのよ

【図表83　クレド】

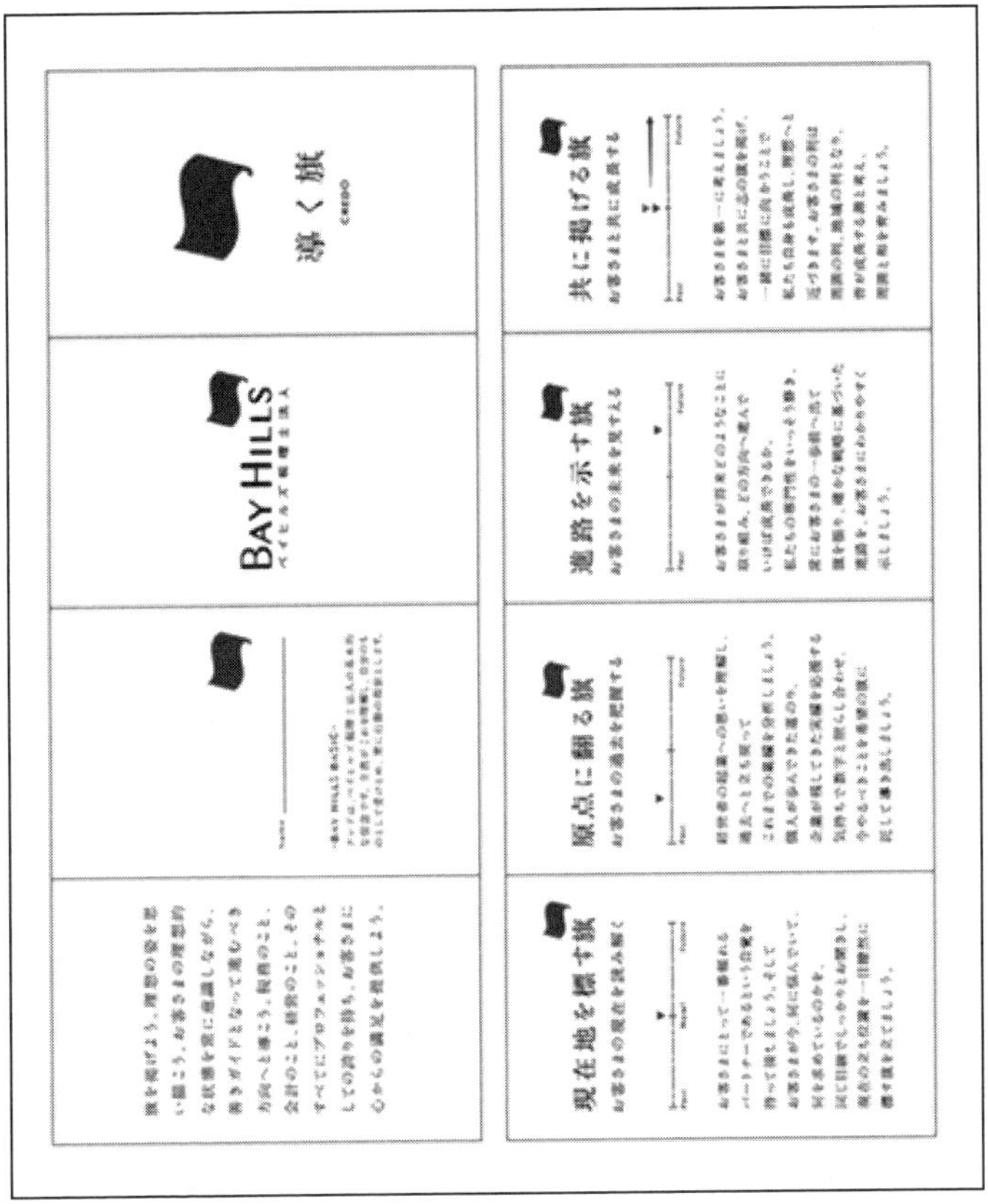

うなサービスを提供していくべきかを段階的に示す概念図をつくりました（図表86）。

底辺にクレドがあり、サービス業としての原点である顧客満足と感動・感謝を提供できるよう、会計事務所のリッツカールトンを目指すことにしました。

そして、経理

【図表84　ベイヒルズ・バリュー】

ベイヒルズ・バリュー

- ***プロフェッショナルの誇りと使命***

  私たちは、プロフェッショナルの誇りを持ち、善きガイドとして、お客様の進むべき方向へ旗を掲げ導いていきます

- ***顧客満足とマナー***

  私たちは、サービス業です。

  お客様に気持ちよく満足していただけるよう、お客様を敬う心で、誠実・誠意ある態度と言葉づかいを大切にします。

- ***信用と信頼***

  私たちは、お客様から信用・信頼していただけるよう、迅速かつ正確な専門サービスを提供します。

- ***最高の品質と信頼性***

  私たちは、専門家としての基準に基づいた、最高の品質と信頼性を重視します。

- ***独創性***

  私たちは、自社特有の商品・サービス構成を充実し、これらは他社とは差別化されています。

- ***感動と感謝***

  私たちは、専門サービス業です。

  お客様に感動と感謝を与えられるよう、ニーズや要望を読み取り、個々のお客様に合ったパーソナルサービスを提供します。

- ***ウエルス経営・ウエルスライフ***

  私たちは、ベイヒルズ税理士法人の一員として、誇りと歓びを持って行動し、お互いの成長と発展に貢献します。

【図表85　ベイヒルズ・ベーシック】

ベイヒルズ・ベーシック

クレド、バリューはベイヒルズ税理士法人の基本的な信念です。全員がこれを理解し、自分のものとして受け入れ、常に行動の原点とします

➢ ***プロフェッショナルの誇りと使命***

➢ ***顧客満足とマナー***

1. 私たちは、社内外を問わず、いつも気持ちのよい挨拶と、電話をはじめとした心地よい応対を心がけます。

➢ ***信用と信頼***

2. 私たちは、日々創意工夫して業務の生産性と効率性を高め、常に最適な業務プロセスを作り上げていきます。

➢ ***最高の品質と信頼性***

3. 私たちは、法律・規則・職業倫理を順守して業務に従事します。また、職務上知り得た情報の漏洩に細心の注意を払います。

4. 私たちはお客様の要望やニーズに、専門的知識とノウハウを駆使して提供できることに、専門家としての誇りを感じます。
また、専門外のことに対しても解決できるよう手を打つことが出来ます。

5. 私たちは、信頼ある専門家として相応しい基準・規則に則った正確・高品質のサービスを、迅速に提供します。

6. 私たちは、専門サービスのプロフェッショナルとして、主体性をもって常に自らを研鑽し、専門知識の向上とノウハウの蓄積に励み、
さらに高い品質と、高い価値のあるものに変えて提供します。

➢ ***独創性***

7. 私たちは、自社特有の高品質のサービス商品とビジネスモデルを持ち、他社とは差別化されたベイヒルズブランドを築きあげていきます。

➢ ***感動と感謝***

8. 私たちは最高のパーソナルサービスを提供するために、お客様個々の夢、目標、ニーズを見つけ、その実現のために努力する喜びを
持っています。

9. 私たちは、サービスの提供を通してお客様に満足していただくことはもちろん、感動や感謝されるまでのロイヤルカスタマーに変わるよう
努めます。

➢ ***ウエルス経営・ウエルスライフ***

10. ベイヒルズ税理士法人の方針・目標は、すべての従業員に伝えられます。一人一人の目標達成を通して、これをサポートするのは従業員
一人一人の役割です。

11. 私たちは、人材こそが最も大切な財産であると考えます。各従業員の豊かな個性と才能を尊重し育成し、お客様や同僚に感謝され、
頼りになる人材となる職場環境を育みます。

12. 私たちは、失敗を恐れずチャレンジすることに大いなる価値を認めます。チャレンジすることで私たち自身が成長するからです。

13. 誇りと喜びに満ちた快適な会社と職場環境を作るために、私たちは自分が関係する仕事の改善向上に参加する権利を持っています

14. 職場の整理・整頓・清潔・清掃（4S）を繰り返し、快適な職場環境を保つのは、従業員一人一人の役目です。
また、来社したお客様が、心地よく満足する事務所を保つことも、私たちの役目です。

15. 私たちベイヒルズの資産を守るのは従業員一人一人の役目です。エネルギーやコストを節約・削減し、事務所をよい状態に維持し、
環境保全に努めます。

16. 職場にいるときも、職場から出たときも、いつも肯定的・プラス思考の話し方をするよう心がけます。何か気になることがあれば、
それを解決できる人に伝えます。

17. 私たちは、お互いを尊重し、コミュニケーション能力を磨き、チームワークを結集して組織内の共有を図り、お客様と従業員同士のニーズを
満たすことに努めます

18. 私たちはベイヒルズ税理士法人の一員として、自分の身だしなみと行動に品位と誇りを持ち、細心の注意を払います。

19. 私たちベイヒルズ税理士法人は、毎年成長発展を続けることにより、将来性豊かな企業としてお客様から頼られる存在であり、従業員が
安心して働くことができる企業になることを誓います。

20. 私たちベイヒルズ税理士法人は、世の中に広く認められ、社会に貢献し、環境に配慮する企業であることを誇りとしています。

コンビニという高均質の業務サービスをベースとし、その上に税務財務の高品質の専門家サービスを提供することで信用と信頼を得ていく。さらには、クライアントたる法人の経営支援と個人のライフプランのお手伝いも含めた、総合支援サービスをベイヒルズ特有のサービスとして積み上げていくスタイルです。

【図表86　業務サービス概念図】

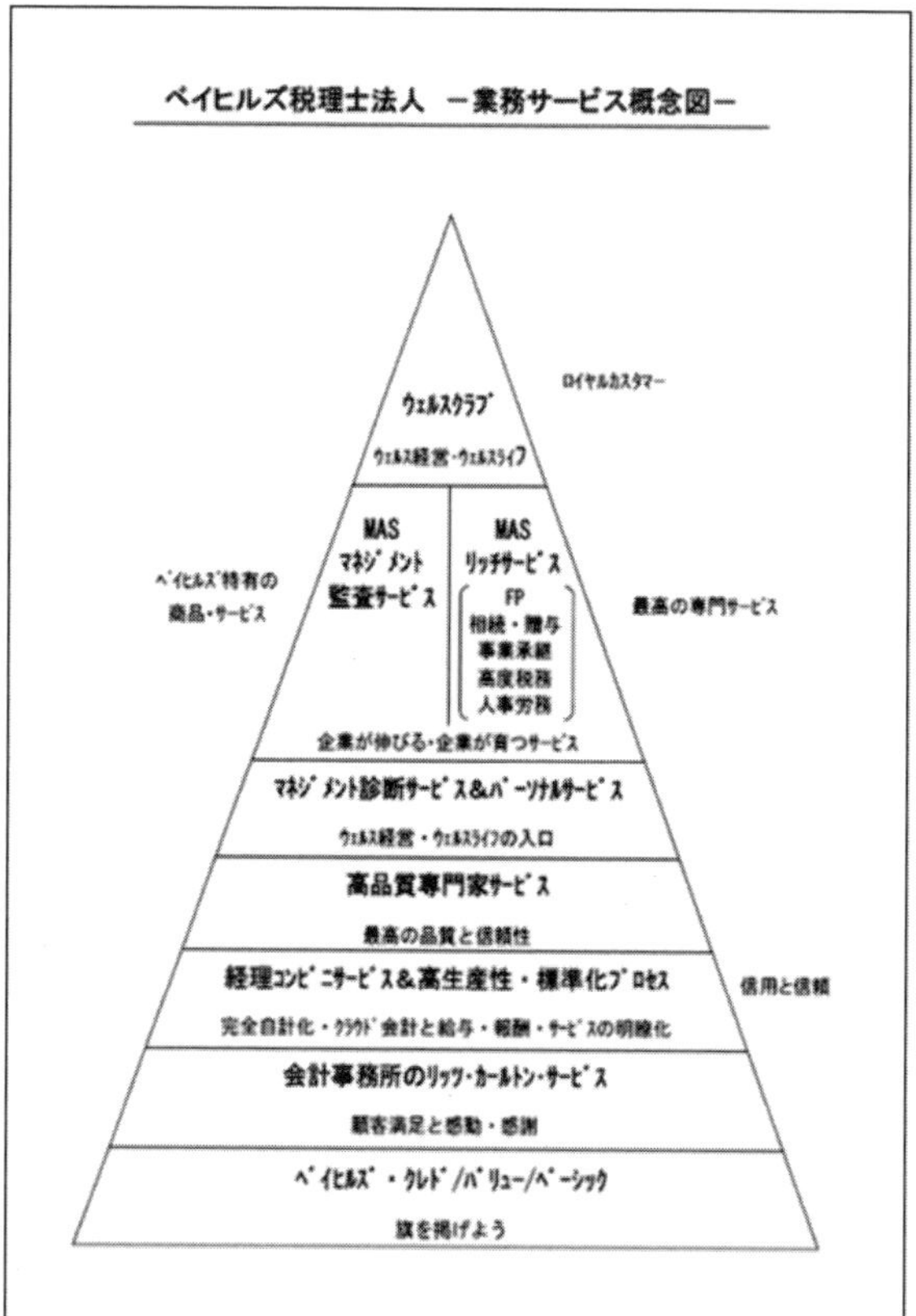

③　組織・人事制度改革

税理士事務所は本来資格に基づく個人事業です。ということは、経営者である税理士が、何らかの理由により事業を継続することができなくなると、廃業ということになってしまいます。

そうなりますと、従業員の雇用を継続することができなくなりますし、何と言っても顧問契約を結んでいるクライアントにも大きな迷惑を与えてしまうことになりかねません。

そこで、税理士法人に組織を変更することにしました。法人にすることによりゴーイングコンサーンとして永続する道を歩むことにしたのです。

組織としては監査課、資産税課、ＭＡＳ課、ＦＰ課を設置し、機動的にかつ全体の統合性を図るような体制を取るようにしています。また課長職や主任職を登用し、管理者としての任務遂行を果たしながら、チーム運営を行う仕組みとしました。そして継続的に毎年新卒者を採用することにより、組織の活性化を促すようにしています。

さらに大きな変革は、人事評価制度の導入です。従来は、固定給社員、年俸制社員、歩合給社員が並行していました。

これらの制度は長所もあったのですが、従業員が増えるにつれ課題も出てきました。

そこで、しっかりとした人事評価制度、昇進昇格制度、給与制度を作成し、その運用を通じて公平公正な人事制度を確立し、もって社員の成長とキャリアアップを明確に描くように心掛けました（図表87）。社員が会社を辞める理由の最たるものは、先が見えない、将来が不安だ、というものです。経営ビジョンや経営目標を明確にするとともに、社員の将来が描けるようにしたのです。人材育成プロジェクトとして、人事理念や人事コンセプトを明確にし、目指すべき人材像を明らかにしました。

【図表 87　人材育成】

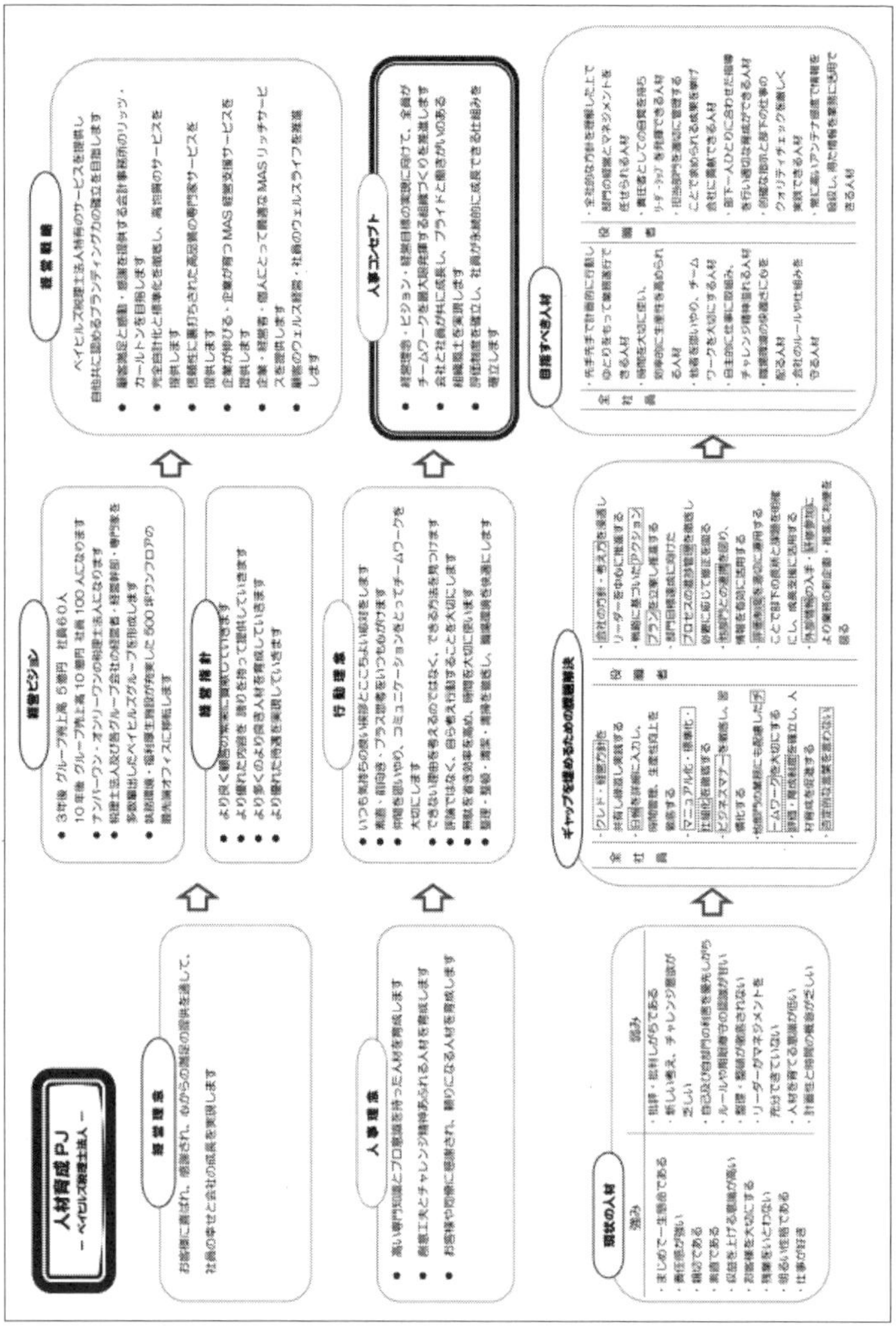

出所：山元浩二氏著書のシートを編集して筆者加筆。

④　業績管理と経営の効率化

製造業と違ってサービス業は、成果を判定することは難しいものがあります。必然、時間の概念が疎かになりがちです。単に時間をかけ続けることで業務が完了するのであれば、生産性が低下していくこととなります。

そこで、日報管理システムを導入しました。就業した時間内において、いつからいつまで、どこのクライアントに対して、どんな業務を行ったかを細かく入力するようにしたのです。

もちろん、その作業に伴う報酬も事前に登録していますので、売上と人件費コストの対比が明確になったわけです。これにより、時間管理、生産性管理、採算性管理が可能になりました。標準時間から見て時間がかかりすぎであるなら、その原因を究明し、無駄な時間がないか、業務を分担すべきでないか、そもそも業務内容に対して報酬が妥当なものか、といったことが明確になってきたわけです。

こうした経営革新策を実行することにより、10年前に比べて売上高は毎年20％前後の増収を続け、社員も50名近くに増員になりました。

自社の今までを振り返ってつくづく感じることは、事業戦略の根幹を指すビジネスモデルを創りあげることの重要性です。他社が模倣困難なモデルを創りあげることができたなら業界での差別化と優位性が働きます。そしてそれが収益の向上に繋がるということです。そのためには組織の革新と人材の成長が、なくてはならない要因だということです。

あとがき

中小企業の4社のうち3社が赤字であるのは、国税局のデータでも明らかです。私は、赤字にあえぐ中小企業の経営者は、節税よりも、会社をどう黒字に転換するかを日頃悩んでいることを数多く見てきました。以前より、財務の診断や改善のためのアドバイスをしてきましたが、1つの限界を感じてきました。それは、経営計画の作成とか予算と実績との差異をベースにしても、数字のみに重点を置いたものであったから、ということがわかってきたのです。

そういうときに株式会社インターフェイスの樋口明廣社長に出会いました。樋口社長はコンサルタント会社で数多くの経験を積み、中小企業の業績を大幅に改善してきた、とても優秀な経営コンサルタントの方でした。会計事務所にＭＡＳ（経営支援サービス）業務を広げたいという信念で活動を続けていました。私は、今までの経験から、樋口社長の提唱するＭＡＳこそが、会計事務所が本来クライアントに提供すべきサービスであると確信するに至りました。つまり、数値のみにとどまらず、経営のビジネスモデルを創りあげるまでに、会計事務所はもっと深くまで経営に関与するべきであるということです。

ところで、考えてみますと、世上、経営コンサルタントは、上場企業から個人のコンサルタントまで本当にたくさんいます。ですが彼らのほとんどは、売上を上げることを主な業務としています。どんなに素晴らしい売上戦略を立てても、それを実行する仕組みと体制づくりと業績管理が整っていなければ、実現は難しいものとなります。日頃毎月のようにクライアントに接し、その業務を理解し、ましてや数字を細かく見ることができる我々会計事務所こそが、ＭＡＳ（経営支援サービス）業務に相応しい存在であると考えるのです。私はもともと、中小企業診断士から出発し、その後税理士となった経緯から、どうしても経営の面から企業を見ることを大切にしてきたこともあると思うのです。

本書を書き上げるにあたり、樋口社長から貴重なアドバイスをいただき、また、各種の資料を提供いただきました。厚くお礼申し上げます。また、事例においては、当事務所で経営支援業務を積極的に推進導入しているＭＡＳ課長の金井あおいに、執筆協力をお願いしました。ＭＡＳ課スタッフと、原稿の補正に多大な労力を費やしてくれた総務課スタッフおよびいつも事務所を支えてくれるスタッフ全員に改めて感謝いたします。

本書出版にあたり、日頃からいつも私のわがままを聞いてくれる妻 孝子と、長男・長女の子供たち、それからお世話になったすべての皆様に心から感謝の言葉を申し上げます。

バラの香りに包まれた庭にて

岡　春庭

参考文献

『中小企業白書２０１３年版』中小企業庁

『週刊ダイヤモンド２０１３年11月９日号』ダイヤモンド社

『小さな会社の経営革新、７つの成功法則』久保田章市著、角川ＳＳＣ新書

『銀行も納得する経営計画の立て方』丹羽哲夫著、中央経済社刊

『中小企業のＳＷＯＴ分析』嶋田利広・馬服一生・山之内浩明著、マネジメント社刊

『小さな会社は人事評価制度で人を育てなさい！』山元浩二著、中経出版刊

『中小企業の発展は戦略的な中期経営計画だ！』落合孝信・飯塚真玄著、産能大学出版部刊

『ＭＡＳ戦略シート』樋口明廣

FAX相談シート

本書の内容に関するご質問、ご相談等を無料で承ります。

下記、ご相談内容□にチェックのうえ、お申し込みください。

なお、毎月第3木曜日に中期経営計画教室を開いていますので、そちらもご利用ください。

割引価格でお申込みいただけます。

- 中期経営計画教室とは、まる一日マンツーマンで会社の目標・ビジョンをお聞きし、
  現状の課題を整理し、実現可能な中期経営計画を作成するものです。

  詳しくはホームページをご参照ください。 http://www.bayhills.co.jp/

- ご相談内容

□ 個別に相談したい
□ 中期経営計画教室の詳しい話を聞きたい
□ 中期経営計画教室に参加したい → 参加希望日　　月　　日(木)【毎月第3木曜日】

お申込み受付後、こちらから連絡させていただきます。

※ご希望の日にちがお取りできない場合もございます。その際には、日程について改めてご相談させていただきます。
※ご提供いただきました個人情報は、厳重に管理し、ご相談に関するお客様へのご連絡、ダイレクトメール以外に
使用いたしません

お名前		役職	
会社名		業種	
所在地			
電話番号		FAX番号	
ﾒｰﾙｱﾄﾞﾚｽ			

FAX 045－450－6706

BAY HILLS
ベイヒルズ税理士法人
横浜市神奈川区栄町1-1 ｱｰﾊﾞﾝｽｸｴｱ横浜6F(横浜駅きた東口より徒歩5分)
TEL:(045)450-6701　担当:MAS課
E-mail:yokohama@bayhills.co.jp　ﾎｰﾑﾍﾟｰｼﾞ:http://www.bayhills.co.jp/

著者略歴

岡　春庭（おか　はるにわ）

1951年愛媛県生まれ。香川大学経済学部卒。税理士・中小企業診断上・ＡＦＰ。

大学卒業後東芝本社に入社し、10年間勤務後大手会計事務所に転職し、1988年独立開業。2013年1月ベイヒルズ税理士法人に組織変更し、代表社員に就任。

神奈川県経営診断員に従事し、現在、公益社団法人けいしん神奈川協会会員。

税務会計顧問、経営コンサルタントとして、金融機関、商工会議所、各種同業者団体等の講演、セミナー講師としても活躍中。

専門的な内容を、わかりやすく説明する講演には定評がある。経営者クラブの運営や、異業種の経営者同士の社外経営会議を主宰するなど、中小企業を元気にする企画に積極的に取り組んでいる。従業員の何倍も働く経営者は、会社も仕事も心身も資産も悠々とあるべきだとの信念で、ウエルス経営・ウエルスライフをモットーとして講演等で広めている。

また、合気道もライフワークの1つとして長年稽古を積み、道場を主宰している。

主な著書に、『社長の節税と資産作りがぜんぶわかる本』（あさ出版）、『会社を軌道に乗せる！これからの経営計画』（日本事業承継コンサルタント協会）、『これで勝つ！試練に打ち克つノウハウ31』（岡税務会計事務所）がある。

ホームページ　http://www.bayhills.co.jp/

メールアドレス　yokohama@bayhills.co.jp

会社を黒字にする　とっておきの経営革新術
―驚異的に会社が甦る「ビジネスモデル」のつくり方

2014年6月20日発行

著　者　岡　春庭　

発行人　森　忠順

発行所　株式会社 セルバ出版

〒113-0034

東京都文京区湯島1丁目12番6号 高関ビル5B

☎ 03（5812）1178　FAX 03（5812）1188

http://www.seluba.co.jp/

発　売　株式会社 創英社／三省堂書店

〒101-0051

東京都千代田区神田神保町1丁目1番地

☎ 03（3291）2295　FAX 03（3292）7687

印刷・製本　モリモト印刷株式会社

ISBN978-4-86367-158-4